DER MALER
LE CORBUSIER

Eileen Grays *Villa E1027* und *Le Cabanon*

Tim Benton

DER MALER

LE CORBUSIER

EILEEN GRAYS
VILLA E1027 UND
LE CABANON

Fotografien von Manuel Bougot

BIRKHÄUSER

Unités de camping
von Le Corbusier

Das Ensemble von Roquebrune-
Cap-Martin, Foto 2021.

Le Corbusiers
Cabanon

Restaurant Étoile de mer

Villa E 1027

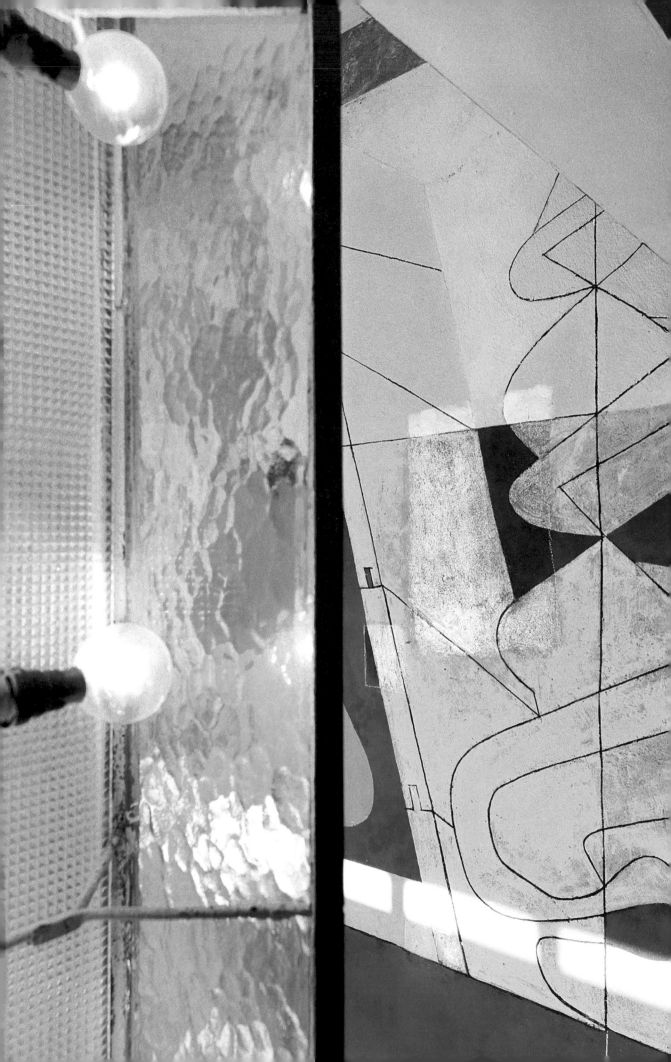

VORWORT

ANTOINE PICON

Die Zeichnungen und Gemälde von Le Corbusier haben in den letzten Jahren wieder an Aufmerksamkeit gewonnen, nicht zuletzt wegen der engen Verbindung, die sie mit seinem architektonischen Werk haben. In der Malerei hat Le Corbusier neue und versteckte räumliche Anordnungen erforscht; ihn interessierte das Wechselspiel zwischen bildender Kunst und Architektur.

Ab Ende der 1930er-Jahre erprobte Le Corbusier auch die Möglichkeiten der Wandmalerei zur Belebung des architektonischen Raums. Nach einem ersten Projekt in Vézelay im Jahr 1936 boten ihm die Wände der von Eileen Gray entworfenen Villa E1027 die Gelegenheit, mit einer für ihn noch neuen künstlerischen Praxis zu experimentieren. In Roquebrune-Cap-Martin entstanden später mehrere weitere Wandbilder des Architekten. Dieses Œuvre wird in der vorliegenden Publikation vorgestellt. Tim Benton nähert sich in seiner Analyse der Komplexität des Ansatzes von Le Corbusier.

Le Corbusier hat sich das Prinzip der Wandmalerei nicht sofort zu eigen gemacht, ganz im Gegenteil. Es steht im Widerspruch zu seiner berühmten Definition der Architektur als kunstvolles, korrektes und großartiges Spiel der unter dem Licht versammelten Baukörper. Eine Reihe von Faktoren erklärt diese Wandlung: Die künstlerische Entwicklung des Architekten war von den kraftvollen Kompositionen Picassos geprägt, von dem Wunsch, den Raum in gewisser Weise zu sprengen, während er gleichzeitig nach einem Gesamtkunstwerk strebte, das von den Vorbildern der Renaissance inspiriert war. Aber auch der Einfluss der persönlichen Umstände sollte nicht unterschätzt werden. Wie Tim Benton zeigt, befand sich Le Corbusier in den 1930er-Jahren in einer tiefen Krise, die seine Ideen und seine Entwurfspraxis beeinflusste. Die Beziehung zwischen Wand und Malerei, von der die Fresken von E1027 zeugen, kann nicht auf eine „Vergewaltigung" von Eileen Grays Werk reduziert werden, wie einige angelsächsische Kritiker behauptet haben, auch wenn die symbolische Gewalt des Eindringens von Le Corbusier in einen Raum, den er nicht entworfen hat, keinesfalls heruntergespielt werden darf.

Indem das Buch auch die anderen in Roquebrune-Cap-Martin entstandenen Bilder vorstellt, von denen im Restaurant Étoile de mer bis zu denen in Le Corbusiers Sommerhaus „Cabanon", stellt es dieses Schaffen in den Kontext einer viel längeren Entwicklung. Die Fondation Le Corbusier freut sich über die Veröffentlichung eines Buches, das zum Verständnis der Gemälde von Cap-Martin, dieser wichtigen Zeugnisse von Le Corbusiers untrennbarem plastischen und architektonischen Ansatz, beitragen wird.

Detail aus Le Corbusiers Wandbild in der Bar in E1027, 1939.

Paris, April 2023

Eileen Gray und Jean Badovici, E1027, das „Maison en bord de mer", 1926–1929, mit Le Corbusiers Unités de camping im Hintergrund.

Seitenansicht E1027 mit Balkon.

Obergeschoss E1027,
Blick Richtung Monaco.

Blick vom Garten der
Villa E1027 zum Meer.

Wohnzimmer E1027, mit den Möbeln von
Eileen Gray, rekonstruiert von Renaud Barrès
und Burkhardt Rukschcio (2017–2021).

ENTREZ LE

LE CORBUSIER, DIE KUNST UND DIE WAND

Le Corbusier besuchte E1027 erstmals Ende März 1937.[1] Das Haus – in Roquebrune-Cap-Martin – wurde größtenteils von der brillanten irischen Designerin Eileen Gray entworfen und zwischen 1927 und 1929 errichtet.[2] Der Name E1027 ist eine Verschlüsselung: Die Initialen „E" und „G" (siebter Buchstabe des Alphabets) umschließen „J" und „B" (zehnter und zweiter Buchstabe des Alphabets), welche für ihren eigenen Namen und den ihres damaligen Freundes und Lebenspartners Jean Badovici stehen. Darüber hinaus ist er auch der maritime Verweis auf die in der Region durch vierstellige Nummern mit vorausgehendem „E" gekennzeichneten Boote. Sowohl in der Herbst- als auch der Winterausgabe 1929 der von Badovici herausgegebenen Zeitschrift *L'Architecture Vivante* wird das Haus ausführlich besprochen.[3]

Auf den Hügeln oberhalb der nahe gelegenen Stadt Menton, nicht weit von Roquebrune-Cap-Martin, hatte Gray bereits zwischen dem 16. Juni und dem 5. Juli 1926 ein weiteres Haus sowie angrenzende Grundstücke gekauft und mit der Restaurierung begonnen.[4] Das dem Dorf Castellar benachbarte Haus taufte sie „Tempe a Pailla" – in Anlehnung an das provenzalische Sprichwort „Avec le temps et la paille, les nèfles mûrissent".[5] Nach der Trennung von Badovici bezog sie etwa 1932 Tempe a Pailla und besuchte allem Anschein nach nie wieder E1027. Gleichwohl blieb sie mit Badovici befreundet und arbeitete weiterhin mit ihm an einer Reihe von Projekten zusammen. Badovici leistete Hilfestellung beim Bau ihrer Villa Tempe a Pailla und erneut nach dem Krieg, als das Haus nach mutwilliger Beschädigung durch deutsche Truppen wieder instandgesetzt werden musste.

Detail des Wandgemäldes von Le Corbusier am Eingang zu E1027, mit der von Eileen Gray in Schablonenschrift angebrachten Aufschrift *Entrez lentement* (Langsam eintreten).

1 Erwähnt in einem Brief Pierre Guéguens an Jean Badovici vom 14. April 1937 (Getty Research Institute, Los Angeles, Badovici Archive 880412, Ablage 6).
2 Badovici kaufte das Grundstück am 27. März 1927 (Conservatoire des hypothèques de Nice, 2e bureau: Urkunde 67, Bd. 140, Nr. 86, zuerst zitiert von R. Stella, 2017. „Where the Paper Trail Leads", in W. Wang (Hrsg.), *E.1027 Eileen Gray*, Austin, University of Texas, S. 92–99. Ein Vorvertrag zu diesem Kauf vom 8. März 1926 befindet sich im Archiv Renaud Barrès und Mireille Rougeot. Obgleich es im Besitz Badovicis verblieb, hat Eileen Gray mit großer Wahrscheinlichkeit finanziell zum Kauf des Hauses beigetragen.
3 Zu einer Faksimileausgabe dieses Bandes siehe J. Badovici, Eileen Gray, et al., 2015. *E 1027 maison en bord de mer* [textes liminaires par Jean-Paul Rayon, Jean-Lucien Bonillo, Pierre-Antoine Gatier], Marseille, Éditions Imbernon.
4 Stella, R., 2017. „Where the Paper Trail Leads", a. a. O., S. 92. Gray entwarf eine neue Möbelgarnitur für Tempe a Pailla. Siehe P. Adam, 2009. *Eileen Gray. Leben und Werk*, Schirmer Mosel, München, 2014.
5 „Zeit und Stroh lassen die Mispeln reifen": ein Bezug auf die Zeit, die es braucht, bis Ideen reifen. Caroline Constant, 2020. „Tempe a Pailla and Lou Pérou: The Architectural ‚Soul' of Eileen Gray", in Cloé Pitiot und Nina Stritzler-Levine (Hrsg.), *Eileen Gray*, New York, Bard Graduate Center, S. 206.

Am oder kurz nach dem 25. April 1938, unmittelbar nach einer Alge-rienreise, gesellte sich Le Corbusier zu seinem Freund Jean Bado-vici in E1027, wo sich zu dieser Zeit auch seine Frau Yvonne aufhielt. Vor seiner Rückkehr am 1. Mai nach Paris schuf er zwei Wandgemäl-de, eines im Wohnzimmer und eines unterhalb des Hauses neben dem Gästezimmer.[6] Im August 1939 kehrte er zurück und malte fünf weitere. 1949 mietete er sich zum Zwecke einer Arbeitssitzung mit Josep Lluís Sert, Paul Lester Wiener und einigen anderen Architek-ten in der Villa ein, um an Plänen für die Stadt Bogotá zu arbeiten. Bei dieser Gelegenheit freundete er sich mit Thomas Rebutato an, einem pensionierten Klempner, der auf dem zu E1027 angrenzenden Gelände ein kleines Fischrestaurant namens Étoile de mer eröffnet hatte. Zu einem Ferienaufenthalt kehrte Le Corbusier 1950 zurück und mietete ein Zimmer im Ort. An Silvester 1951 fertigte er dann einen Entwurf für ein Holzhütte (französisch: *cabanon*) neben dem Fischrestaurant an, die dann 1952 errichtet wurde.[7] In den folgenden Jahren schmückte er die Wand des Restaurants mit weiteren Wand-malereien, sowie das Schlafzimmer des Rebutato-Häuschens und auch den Eingang zu seinem Cabanon. Alle diese Wandbilder wur-den erstmals am 29. Oktober 1975 in das vorläufige offizielle fran-zösische Schutzregister aufgenommen und erhielten am 27. März 2000 zusammen mit dem Haus E1027 Denkmalstatus.[8] In diesem Buch geht es um diese Gemälde, warum sie entstanden sind und wel-che Stellung sie in der französischen Wandmalerei einnehmen.

Le Corbusier und die Wand

Schlicht verwirrend erscheint die Vielfalt an Gründen, die Le Cor-busier veranlassten, Wände zu bemalen. Architektur war für Le Cor-busier „das meisterhafte, geordnete und großartige Spiel von im Licht vereinigten Volumina".[9] Was immer dieses grandiose Volu-men- und Lichtschauspiel beeinträchtigen oder durcheinanderbrin-gen könnte, war zu missbilligen. So war er bereits 1925 mit seinem Freund Amédée Ozenfant in Streit geraten wegen der Hängung von Raoul La Roches Sammlung kubistischer und puristischer Gemälde in dem gerade für ihn entworfenen Haus.

> *Ich bestehe nachdrücklich darauf, gewisse Teile der Archi-tektur unbedingt frei von Malerei zu halten, um eine Doppel-*

6 Siehe Gandini, B., 2008. *La Villa E1027 d'Eileen Gray, première étude de l'état de conser-vation des peintures murales de Le Corbusier, septembre 2009, maîtrise d'ouvrage,* Commune de Roquebrune-Cap-Martin.

7 Chiambretto, B., 1987. *Le Corbusier à Cap-Martin*, Marseille, Éditions Parenthèses, S. 33–59.

8 Goven, F., 2021. „The State Steps In", in J.-L. Cohen (Hrsg.), *E1027: Restoring a House by the Sea*, Paris, Éditions du patrimoine, S. 67–74.

9 Le Corbusier-Saugnier, „Trois Rappels à MM les architectes: l le volume", *L'Esprit Nouveau*, 1. Oktober 1920, S. 92, später nachgedruckt in *Vers une architecture*, Oktober 1923.

Le Corbusier und Pierre
Jeanneret, Haus La Roche,
Paris, Verbindungsbrücke
über der Eingangshalle,
1923–1925.

Le Corbusier und Pierre
Jeanneret, Haus La Roche,
Galerie (nach den
Umbauten von 1928).

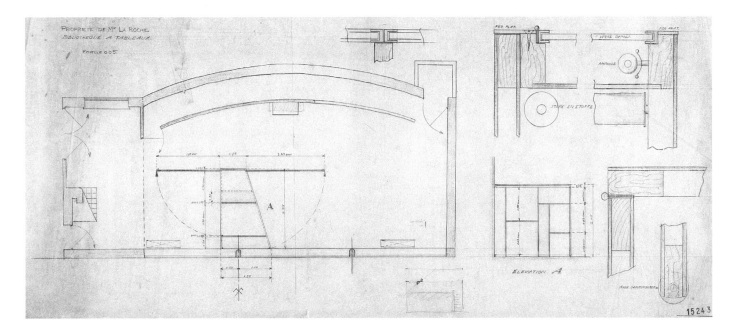

wirkung von reiner Architektur einerseits und reiner Kunst andererseits zu erzeugen.[10]

Gemälde stellten eine Herausforderung an die Bedeutung von Wänden als Architektur dar – die Poesie der „Prismen" (wie Raoul La Roche sie bezeichnete).[11] Le Corbusiers schlug deshalb vor, die Gemälde von La Roche in einer großen Schrankvorrichtung außer Sichtweite zu lagern und nur ganz gezielt jeweils ein paar für besondere Anlässe hervorzuholen. Er machte sich gar die Mühe, eine solche Vorrichtung zu entwerfen – etwa 2,25 m × 1,50 m an der breitesten Stelle und 2,05 m hoch – die die Gemäldegalerie gewissermaßen in zwei Teile separiert hätte. Verwunderlich an diesem Plan ist, dass dieses Gemäldelager nicht nur die Funktion des Raums für die Präsentation der hervorragenden Sammlung kubistischer und puristischer Gemälde von La Roche ernsthaft beeinträchtigt, sondern auch die architektonische Wirkung ruiniert hätte. Wie La Roche es in seinem Ablehnungsschreiben ausdrückte, „würde dies ein weiteres Vorzimmer schaffen, wo ich doch schon mehrere habe."[12]

Nichtsdestoweniger spielten Gemälde eine nicht unwichtige Rolle in Le Corbusiers Interieurs. Er ließ den Esprit-Nouveau-Pavillon[13] mit

Le Corbusier und Pierre Jeanneret, Entwurf für ein Bilderlager in der Gemäldegalerie im Haus La Roche, April 1925.

10 Maschinenschriftlicher Brief von Le Corbusier an Amédée Ozenfant, 16. April 1925 (FLC P5(1)208).

11 „Ah, diese Prismen. Man muss schon sagen, Sie und Pierre verfügen da über ein Geheimnis, während ich anderswo vergeblich nach ihnen suche. Sie haben ihre Schönheit bewiesen und ihre Bedeutung erklärt, und dank Ihnen wissen wir jetzt, was Architektur ist." Brief von Raoul La Roche an Le Corbusier, 1. Januar 1927 (FLC P5(1)151).

12 „Je länger ich darüber nachdenke, desto mehr finde ich es schade, es mitten in die Gemäldegalerie zu platzieren (wenn es denn noch eine sein soll), sie also in zwei Teile zu teilen und ein weiteres Vorzimmer zu schaffen, wo ich doch schon mehrere habe." Brief von Raoul La Roche an Le Corbusier, 12. Mai 1925, FLC P5(1)57, und Brief von Le Corbusier an Amédée Ozenfant, 16. April 1925 (FLC P5(1)208).

13 Der Esprit-Nouveau-Pavillon war ein von Le Corbusier und Pierre Jeanneret entworfenes Musterhaus, das als Modul zu größeren Wohnhäusern „gestapelt" werden konnte. Der Pavillon wurde 1925 für die Weltausstellung Exposition des arts décoratifs et industriels modernes in Paris gebaut.

Gemälden von Fernand Léger, Amédée Ozenfant und von ihm selbst an den Wänden und einer Lipchitz-Skulptur im Außenbereich fotografieren. Als Argument gegen „Dekoration" war dies eine bewusste Herausforderung an die *Exposition des arts décoratifs et industriels modernes*, in der der Pavillon stand. Der moderne Mensch benötige keine „Dekoration". Was er bräuchte, wären Musik, Literatur und Kunst. So lautete denn die Formel: pure Architektur und pure Kunst. Wo wäre da noch Platz für Wandmalerei?

Le Corbusier sah in der Polychromie, der Mehrfarbigkeit, einen ersten Schritt: Schon immer hatte er Farbe in seinen Gebäuden, insbesondere in Innenräumen, verwendet. Darin sah er eine Möglichkeit zur Steuerung von Licht, das durch die von neuen bautechnischen Methoden geschaffenen großen Fenster in das Gebäude eindringt und untertags in unterschiedlichster Weise auf die Wände fällt. Farbe konnte diese Effekte unterstreichen, wenn nicht gar Kontrapunkt oder Fuge zum natürlichen Licht sein. Die überkommenen Regeln für Farbgestaltung in Innenräumen aber galten nun nicht mehr. In der neuen Architektur waren Räume keine separaten Kästen mehr, wo man den einen rot, den anderen blau streichen konnte. Räume gingen jetzt vielmehr ineinander über, und eine Wand konnte gleichzeitig zu zwei Räumen gehören. Sein diesbezügliches Konzept erläuterte Le Corbusier in einem bemerkenswerten, nach Fertigstellung der Villa La Roche verfassten Artikel:

> *Ich denke schon seit einigen Jahren, dass die Polychromie des Hausinneren von der Leuchtkraft der Wände bestimmt werden muss, wobei primäre allgemeine Regeln gelten: warme Töne im hellen Licht, kältere im Schatten. Ich habe mit Kontrapunkt und Fuge experimentiert, um den Innenraum zu beleben, indem ich Lichtmodulationen nachgehe. In diesem Sinne würdige ich das Phänomen Licht.*[14]

Le Corbusiers Ausnutzung von Farbeffekten nähert sich der Bildkunst des Malers und scheint sich von der konventionellen Dynamik puristischer Architektur mit Betonung auf Volumen zu entfernen.

> *Was wäre, wenn ich eine rote Wand umgeben von Weiß oder eine blaue Decke oberhalb weißer Wände streichen würde? Oder wenn ich eine Wand mit gebranntem Umbra rechtwinklig mit einer weißen verbände? Tatsächlich wird mein Haus erst dann weiß erscheinen, wenn ich an den richtigen Stellen die Wirkkraft von Farben und deren Werten eingesetzt habe.*[15]

Die Verwendung des Wortes „Werte" – ein charakteristisches Künstlerwort – veranschaulicht die Verschmelzung von Malerischem und Tektonischem in Le Corbusiers Denken. Doch der Schritt von der Schaffung farblich modulierter Räume zur Ergänzung von Wandflächen mit figurativen Wandmalereien war für Le Corbusier durchaus kein leichter.

---

14 Le Corbusier, 1926. „Notes à la suite", *Cahiers d'Art*, 1, S. 46–52, S. 48.
15 Ebd., S. 49.

Monumentalmalerei

Im französischen Kulturleben besaßen große Leinwände und Wandmalereien schon immer hohen Prestigewert. Dafür gibt es eine Reihe von Gründen: „Hohe" Kunst, also jene Malerei, die Preise gewann und vom Staat gekauft wurde, war ausnahmslos großen Ausmaßes. Zum einen erforderten die Motive der prestigeträchtigsten Gemälde – mythologische, klassische, religiöse oder historische Szenen – eine große Fläche, zum anderen zeichnete Malen im großen Stil den Status des Künstlers aus. Ebenso eigneten sich große öffentliche Gemälde – typischerweise Wandgemälde oder Fresken – dazu, soziale oder politische Themen anzusprechen und den Geschmack und die Meinung der breiten Öffentlichkeit zu formen.[16] Überdies ließ sich die Bemalung von Wänden auch als Bestandteil zur Schaffung eines Gesamtkunstwerkes auffassen. Diese im 19. Jahrhundert viel diskutierten Fragen wurden in den 1920er- und insbesondere in den 1930er-Jahren wiederbelebt – Debatten, an denen sich Le Corbusier aktiv beteiligte.

In seinem Roman *L'Œuvre*[17] hatte Émile Zola argumentiert, es sei die Verantwortung des modernen Künstlers, riesige Bilder zu malen, um die Arbeiterklasse zu inspirieren, aber auch um den Mut des Künstlers auf die Probe zu stellen. Großes Malen erfordere Mut. Das Scheitern seines Protagonisten Claude Lantier, dies zu erreichen, und der sich daraus ergebende Wahnsinn und Selbstmord bilden das Herzstück seines Romans. Auch wenn Künstler angeblich „für sich selbst malen", so müssen sie letztendlich für ihren Lebensunterhalt ihre Werke verkaufen. Erfolg stellte sich üblicherweise ein, wenn man sich durch Auszeichnungen bei den jährlichen *salons* einen Namen machte. Seit dem Aufkommen der Impressionisten und der Gründung des Salon des Indépendants in Frankreich (1884) verlagerte sich die Aufmerksamkeit innovativer Künstler vom Wettstreit um ein Eckchen im Louvre hin zur Wertschätzung von privaten Kunden sowie Galerien und Kunsthändlern, die diese belieferten.[18] Die Revolution jener künstlerischen Ausdrucksformen, die Picassos und Braques Erfindung des Kubismus zwischen 1909 und 1914 mit sich brachte, wurde größtenteils von privaten Händlern wie Daniel Kahnweiler getragen, ohne dass die breite Öffentlichkeit dies in nennenswertem Umfang wahrnahm. Entsprechend war „Händlerkunst" für eine häusliche Umgebung bestimmt und eher kleinformatig, persönlich oder thematisch wertneutral. Anstelle der „großen" Themen aus Geschichte, Mythologie oder Religion stellten moderne Künstler

---

16   Streng genommen wurden Fresken in der Renaissance auf nassen Putz gemalt, daher entspricht keines der in diesem Buch besprochenen Gemälde dieser Definition. Le Corbusier verwendete jedoch oft den Begriff „Freske", um seine Wandmalereien zu beschreiben.

17   Zola, E. M., 1974 [1886]. *L'Œuvre* [S.l.], Paris, Garnier-Flammarion.

18   Tatsächlich hatte sich die Entwicklung der „Händlerkunst" – üblicherweise Porträts, Stillleben und Landschaften – viel früher entwickelt: So war Antwerpen im 16. Jahrhundert zu einem Zentrum für Kunsthändler geworden. In Frankreich wetteiferte jedoch die „Händlerkunst" mit der „hohen Kunst" um Prestige und Bedeutung.

Le Corbusier, *Étreinte II*
(Umarmung II), 1938.

typischerweise Stillleben, Porträts oder Landschaften dar. Aus dieser Malerei, die sich mit solchen Sujets befasste, erwuchsen bis in die frühen 1920er-Jahre aufeinanderfolgende „Bewegungen" in der modernen Kunst: vom Impressionismus hin zum Postimpressionismus, Fauvismus, Orphismus, Kubismus und Purismus. Mit der Unterstützung von Fachhändlern konnten Avantgardekünstler es sich nun leisten, „für sich selbst zu malen" und darauf zu vertrauen, dass sachverständige Kunden ihre Arbeit entdecken würden.

Le Corbusier, *Femme grise, homme rouge et os devant une porte* (Graue Frau, roter Mann und Knochen vor einer Tür), 1931.

Le Corbusier, *Le déjeuner près du phare* (Mittagessen am Leuchtturm), 1928.

Le Corbusier als Maler

Zum besseren Verständnis der Wandmalereien Le Corbusiers ist seine frühere künstlerische Entwicklung in Betracht zu ziehen, insbesondere auch der zunehmend verbitterte und frustrierte Gemütszustand, der seine Kunst in den 1930er-Jahren prägte. In den frühen 1920er-Jahren hatte Le Corbusier – oder Jeanneret, wie er seine Gemälde seinerzeit noch signierte – unter der Leitung von Amédée Ozenfant durchaus einen gewissen Achtungserfolg als Maler zu verzeichnen. Das heißt, die Ausstellungen, die seine Arbeiten zeigten, lösten die übliche Art von Kontroversen jeder neuen „Bewegung" aus; doch seine Werke wurden in die Reihen der Avantgarde aufgenommen und sie hingen neben denen der kubistischen Maler in Léonce

Rosenbergs Galerie de l'Effort Moderne.[19] Durchaus förderlich war auch die Zeitschrift *L'Esprit Nouveau*, die Ozenfant und Le Corbusier von 1920 bis 1924 herausgaben, wie auch die beiden von ihnen publizierten Kunstbände: *Après le cubisme* (1918) und *La Peinture moderne* (1925).[20] Diese Bücher gaben ihrer Arbeit eine theoretische Struktur, die weitgehend mit den in *Vers une architecture* (1923) vorgestellten Theorien zur modernen Architektur übereinstimmte. Die Autoren legten Wert auf Präzision und geometrische Proportionen und bevorzugten alltägliche, industriell gefertigte Gegenstände für ihre Motive.

Nach dem Zerwürfnis mit Ozenfant im Jahr 1925 stellte Le Corbusier jedoch praktisch nicht mehr aus. Und seine Malerei entfernte sich von den großen Themen der Moderne wie Industrialisierung und Standardisierung. Gleichzeitig verlagerte sich der Schwerpunkt seiner Inspirationen von der Stadt an die Küste, von Paris ans Bassin d'Arcachon, wo er und seine Lebensgefährtin Yvonne Gallis von 1926 bis 1936 alljährlich ihren Urlaub verbrachten.[21] Was ihn hier faszinierte, waren Dinge aus der freien Natur, wie Muscheln, Treibholzfragmente, von Wind und Meer ausgewaschene Knochen oder Ziegeln: Er sah in ihnen zunehmend ein Äquivalent zum menschlichen Körper und integrierte sie mit Vorliebe in seine Aktbilder, besonders in diejenigen von Yvonne.

Eine Ausstellung seiner Arbeiten in der Kunsthalle Zürich im Januar 1938 stellte Le Corbusier erstmalig einer breiteren Öffentlichkeit vor. Sein nunmehr ganz persönlicher Stil, den er zunehmend zwischen 1926 und 1938 entwickelt hatte, verhalf ihm zu größerer Zufriedenheit. Die Gemälde aus dieser Zeit – häufig auf Skizzen basierend, die er in Le Piquey am Bassin d'Arcachon angefertigt hatte – offenbaren eine in seinem Werk ganz neue Sinnlichkeit sowie eine Zuwendung zu organischen Formen. So zeigt sein Gemälde *Le déjeuner près du phare* (Mittagessen am Leuchtturm) |Abb. S. 28| den Leuchtturm am nahe gelegenen Cap Ferret und suggeriert anhand der üppigen Form einer Muschel die Freuden des Essens.

Die Ausstellung und der Ankauf eines seiner puristischen Gemälde durch das Museum of Modern Art in New York gaben seinem Selbstvertrauen einen gewissen Auftrieb.[22] In einem Brief an seine Mutter

---

19 Die erste Ausstellung von Ozenfant und Jeanneret fand am 22. Dezember 1918 in der Galerie Thomas statt. Eine zweite Ausstellung in der Galerie Druet (Januar–Februar 1921) wurde vom Kritiker Maurice Raynal begeistert rezensiert. Léonce Rosenberg lud die beiden Künstler ein, neben Werken von Picasso, Braque, Gris und anderen kubistischen Künstlern an einer Ausstellung in der Galerie de l'Effort Moderne (2.–25. Mai 1921) teilzunehmen. Rosenberg nahm ihre Arbeiten auch in Ausstellungen in Amsterdam und Barcelona auf.

20 Ozenfant, A. und C. E. Jeanneret, 1918. *Après le cubisme*, Paris, Éditions des Commentaires; und Ozenfant, A. und C. E. Jeanneret, 1925. *La Peinture moderne*, Paris, Éditions G. Crès et Cie.

21 Benton, T. und B. Hubert, 2015. *Le Corbusier. Mes années sauvages sur le bassin d'Arcachon*, Paris, Ibep; und Benton, T., 2013. „Atlantic Coast: Nature as Inspiration", in J.-L. Cohen (Hrsg.), *Le Corbusier: An Atlas of Modern Landscapes*, New York, Museum of Modern Art, S. 162–167.

22 Das Museum of Modern Art erwarb sein 1935 in New York ausgestelltes Gemälde *Nature morte à la pile d'assiettes et au livre* (Stillleben mit einem Tellerstapel und einem Buch).

vom 23. Januar 1938 schrieb er: „On dit que c'est sensationnel" („Man sagt, sie seien sensationell."), und er bedankte sich herzlich für den Vortrag von Maurice Raynal vom 20. Januar,[23] der im *Journal des Beaux-Arts*, Januar 1938, veröffentlicht und in *L'Equerre* nachgedruckt wurde.[24] Zwei Tage später schrieb er an Marguerite Tjader-Harris und gab an, Raynal habe gesagt: „Dieser Corbusier ist hinter seinem rauen Äußeren ein durchaus sensibler Mann." Und leicht kokett fuhr er fort: „Und Sie? Was meinen Sie dazu, was [...] wüssten Sie dazu beizutragen?"[25] Allerdings behauptete er ein paar Wochen später in einem undatierten Brief an seine Mutter, seine Ausstellung sei mit völligem Schweigen aufgenommen worden: „Ich bin obendrein davon überzeugt, dass man mich zu Lebzeiten nie als Maler ernst nehmen wird".[26] Zu allem Überfluss äußerte seine Mutter bei einem Besuch der Ausstellung ihre Missbilligung in einem Maße, dass sich der Bruder Albert einschaltete, in der Bemühung, ihre Kritik abzumildern.[27] Diese Erfahrung hat mutmaßlich Le Corbusiers Einstellung zu seiner Malerei verfestigt. Anstatt sie als etwas Privates oder Persönliches anzusehen, war er nun – ungeachtet der Kritikermeinungen – fest entschlossen, der Öffentlichkeit ins Auge zu sehen. Maurice Raynal drückte es folgendermaßen aus:

> *Der Mönch hat sein Kloster verlassen, um auf Kreuzzug zu gehen. Der Künstler ist aus seinem Elfenbeinturm vertrieben, um den Wettkampf aufzunehmen. Auf eine Kunst der Freude, Zufriedenheit in der Glückseligkeit folgt nun eine Kunst der Sorge, der Not und des Konflikts. [...] Der Mann hat den Künstler abgelöst. Nicht mehr zahlt er wie früher der Kunst sein Lehrgeld. Vielmehr fordert er von der Kunst, ihn zu ent-*

Le Corbusier, Yvonne im Wohnzimmer von E1027, April 1938, aufgenommen mit seiner 16-mm-Schmalfilmkamera.

Le Corbusier, Yvonne am Strand in Plougrescant, Bretagne, Juli 1937.

---

23 Am 17. Januar 1938 teilte er seiner Mutter mit, die Ausstellung sei ein „unerwarteter Erfolg" gewesen (FLC R2(1)244).

24 FLC X1(13)69.

25 FLC E3(10)30. Während seiner Vortragsreihe in den USA 1935 hatte Le Corbusier eine kurze Affäre mit der wohlhabenden Witwe Marguerite Tjader-Harris. Sie blieben in Verbindung und korrespondierten bis zu seinem Tod.

26 Collection Jornod. Brief zitiert in J. Petit, 1970. *Le Corbusier lui-même*, Genève, Éditions Rousseau.

27 Brief von Albert Jeanneret an die Mutter, 21. März 1938 (Collection Jornod). Siehe J.-P. Jornod und N. Jornod, 2005. *Le Corbusier (Charles-Édouard Jeanneret): Catalogue raisonné de l'œuvre peint*, Mailand, Skira, S. 157.

> *schädigen, sowie ihn darin zu unterstützen, seine morali-*
> *schen und physischen Forderungen geltend zu machen.*[28]

Im Laufe der 1930er-Jahre wurde Le Corbusiers Malerei aggressiver, was mit seinen eher rechtsgerichteten politischen Tendenzen einhergehen mag. So sympathisierte er im Zusammenhang mit der Stavisky-Affäre mit den gewalttätigen regierungsfeindlichen Straßenkämpfen in Paris am 6. Februar 1934.[29] Darüber hinaus waren die Dreißigerjahre für Le Corbusier oftmals entmutigend, denn trotz seines internationalen Rufs und seiner Popularität als Dozent und Autor versiegten seine Architekturaufträge fast vollständig. Zwischen 1933 und 1939 baute er fast nichts. Wie er an seine Freundin Marguerite Tjader-Harris schrieb: „Ich bin zu einem Symbol geworden, aber davon wird man nicht satt."[30]

Am 3. November 1934 beschwerte er sich bei seiner Mutter über perfide bürokratische Schikanen, die aus seiner Sicht seinem Erfolg im Weg standen und beendete dann den Brief:

> *Fernand Léger verbrachte den Sonntag hier bei mir. Ein toller*
> *Kerl, stark, solide, feinsinnig, authentisch. Er war fassungs-*
> *los angesichts der Pein, der Brisanz und der Gewalt in mei-*
> *ner Malerei. Natürlich explodiere ich hier, denn anderswo*
> *muss ich schließlich arg an mich halten.*[31]

In seinem Artikel zur Zürcher Ausstellung, der Le Corbusier zweifellos zur Fortsetzung seines Kurses ermutigte, beschrieb Raynal dessen Persönlichkeit:

> *„Brutal, egoistisch, stur, trinkfreudig, mürrisch, uneigennüt-*
> *zig, gebildet, naturverbunden, spirituell, voreingenommen,*
> *kein Freund von Plattitüden; egal, ob man all dies nun als*
> *Fehler oder Tugenden betrachtet, ist es doch überaus ästhe-*
> *tisch. [...] Himmel, Meere, Berge, Schlangen, Frauen, Waffen,*
> *Seile, Türschlösser, Blut, das mit all seiner Symbolkraft her-*
> *vorquillt, doch stets greifbar plastisch. Himmel, Meer und*
> *Berge sagen: Le Corbusier, du rastloser Reisender, unter-*
> *wegs in Zeppelinen und auf Ozeandampfern, die Berge sind*
> *Kindheitserinnerungen wie auch die Mühen, eine schwierige*
> *Aufgabe zu bewältigen. Der Psychoanalytiker mag eine ähn-*
> *liche Erklärung für die Türschlösser finden; Schlangen, Seile*
> *und Frauen stehen für all die Schwierigkeiten, erfolgreich zu*
> *sein – Feindeswitwen, Neider und Verrat. Und genau hier*

---

28 Raynal, M., 1938. „Le Corbusier peintre", *Beaux Arts*, LXXV (264). *Croisade* (Kreuzzug) war auch der Titel eines von Le Corbusier veröffentlichten Buches, in dem er die moderne Architektur gegen ihre Kritiker in Schutz nimmt. Le Corbusier, 1933. *Croisade ou le crépuscule des Académies*, Paris, 1933.

29 Die Stavisky-Affäre war ein Finanzskandal, der die sozialistische Regierung in Aufruhr versetzte, als sich herausstellte, dass Premierminister Camille Chautemps den Veruntreuer Alexandre Stavisky geschützt hatte, der plötzlich unter mysteriösen Umständen starb. Am 6. Februar 1934 kam es in Paris zu großen Demonstrationen der Rechten gegen die Regierung, bei denen fünfzehn Demonstranten von der Polizei getötet wurden. Sogar ein Staatsstreich der Rechten schien damals möglich.

30 Brief Le Corbusiers an Marguerite Tjader-Harris, 8. März 1938 (FLC E3(10)30).

31 Brief Le Corbusiers an seine Mutter, 3. November 1934 (FLC R2(1)208).

entlädt sich das Temperament des Mannes Le Corbusier mit voller Wirkung. Klartext, Gewalt und Kraft sättigen und nähren diese spontanen Bilder. [32]

Die meisten seiner Gemälde der späten 1920er- und frühen 1930er-Jahre stellen organische Formen und/oder Frauen dar: entweder allein oder zu zweit. Einige Bilder jedoch zeigen einen Mann und eine Frau zusammen vor einer offenen Tür in einer mehr konfliktreich wirkenden Beziehung. In *Femme grise, homme rouge et os devant une porte* (Graue Frau, roter Mann und Knochen vor einer Tür) | Abb. S. 28| und einem ähnlichen Bild *Femme noire, homme rouge et os* (Schwarze Frau, roter Mann und Knochen)[33] sieht man auf der Bildebene die flach erhobene Hand der Frau – wie in einer ablehnender Geste.[34] Bekanntermaßen war Le Corbusiers Beziehung zu Yvonne angespannt. Auch litt sie unter Depressionen und scheint zu viel getrunken zu haben. Eingesperrt in der von ihm in Boulogne-sur-Seine entworfenen Wohnung, fühlte sie sich abgeschnitten von ihrer vertrauten Umgebung des *rive gauche*. Wenngleich Le Corbusier seiner Mutter immer wieder begeistert über sie schrieb, räumte er ein, dass Yvonne in den Wechseljahren war, und aus einem Brief von 1936 an Marguerite Tjader-Harris geht hervor, dass das Paar nicht mehr miteinander schlief.[35]

Diverse angelsächsische Kritiker haben Le Corbusiers Wandmalereien in E1027 als ausdrücklich erotisch beschrieben und damit die Vorstellung seiner „Vergewaltigung des Hauses" noch verstärkt.[36] Zwar unterscheidet ihn sein Interesse am Akt nicht von den meisten Künstlern des 20. Jahrhunderts, doch haftet Le Corbusiers Arbeit der 1930er-Jahre doch etwas Beunruhigendes an. Interessant ist, was er 1937 nach einem Streit an seine Mutter schrieb: „Ein amerikanischer Psychoanalytiker kommentierte beim Anblick meiner Bilder: ‚Da ist ein Konflikt mit Ihrer Mutter, etwas, was noch immer nicht aufgearbeitet ist.'"[37] Dass Le Corbusier sich der Eigenarten seiner Psyche durchaus bewusst war, zeigt ein grafologischer Test, den er im Juni 1948 beim Centre de synthèse des méthodes psycho-

---

32 Raynal, M., 1938. „Le Corbusier peintre", a. a. O. Le Corbusier war sich der psychoanalytischen Theorien seiner Zeit bewusst, da er mehrere Bücher von Dr. René Allendy besaß, darunter Allendy, R., 1931. *La psychanalyse; doctrines et applications*, Paris, Denoël et Steele (ihm vom Autor gewidmet).

33 (FLC 98).

34 Auf einigen Zeichnungen zu diesem Motiv wird der Kampf noch deutlicher. (Siehe FLC 0246, 1260, 1426 und andere.)

35 In einem Schreiben an Marguerite Tjader-Harris aus Rio de Janeiro vom 8. Juli 1936 gestand er: „Seit dem 13. Dezember habe ich nicht mehr mit einer Frau geschlafen. Das ist doch verrückt" (FLC E3(10)15). An jenem 13. Dezember 1935 war er bei Marguerite gewesen. Und am 19. Dezember schrieb er seiner Mutter über Yvonne: „Außerdem sind es erste Anzeichen des Älterwerdens mit einhergehender Depression. Die Natur ist voller Rätsel; ein langsamer körperlicher Wandel wirkt sich auch auf die Psyche aus. Dafür muss man Verständnis haben. Männer sind stärker und mit 50 Jahren auf dem Höhepunkt ihrer Kräfte." FLC R2(1)233). Am 8. Dezember schrieb er erneut an Marguerite und klagte: „Jenes andere Leben – das sich des Nachts regt – ist nun fast vollends verkümmert." (FLC E3(10)26).

36 Peter Adam beschreibt sie als „unverhohlen sexuell." Und er fügt hinzu: „Es war Vergewaltigung." Siehe P. Adam, 2000. *Eileen Gray: Architect/Designer: A Biography*, New York, Harry N. Abrams, S. 311.

37 Brief Le Corbusiers an seine Mutter, 19. Februar 1937 (FLC R2(1)149).

Le Corbusier, *Habiter*
(Wohnen), Fotocollage,
Pavillon des Temps
Nouveaux, Paris, 1937
(Rekonstruktion Arthur
Rüegg, 2019).

logiques et des graphologies françaises et étrangères in Auftrag gab.[38]
Dieses Dokument, wenngleich wissenschaftlich ein wenig fragwür-
dig, reflektiert durchaus Le Corbusiers Selbstverständnis.

> Der Autor ist zu sehr mit Äußerlichkeiten beschäftigt, als
> dass er ein höheres Gleichgewicht erlangen könnte [...].
> Er hat keinen Zugang zu seiner Seele. Ihm fehlt Introversion
> [...]. Er besitzt einen affektiven und liebevollen Charakter.
> Er bindet sich an Menschen und Dinge. Sehr empfindlich
> gegenüber Kritik, aufgrund seines geheimen und verborge-
> nen Verlangens nach Anerkennung und Bewunderung. [...]
> Die Handschrift drückt einen deutlich analen Charakter aus.
> Da es außerdem klare Hinweise auf einen Selbstkastrations-
> komplex gibt, ist es wahrscheinlich, dass der Autor im Alter
> von 6, 7 oder 8 Jahren eine Regression in einen früheren

38 Collection Jornod. J.-P. Jornod und N. Jornod, *Le Corbusier: L'œuvre peint*, a. a. O.,
    Bd. 2, S. 1050–1061, Anm. 23. Zu diesem Zeitpunkt bestand er darauf, dass sich alle seine
    Assistenten einem grafologischen Test unterziehen.

Reklame für Bébé-
Cadum-Seife, Paris.

A. M. Cassandre,
Plakat *Le plus fort:
L'Intransigeant*, 1925.

> *Analzustand durchlebte. [...] Folglich ist eine nachträglich
> sublimierte Analphase zu verzeichnen (intellektuelle Neugier,
> menschliche Philosophie, Soziologie, angewandte Kunst,
> Bildhauerei, Architektur).*[39]

In einer anderen Bilderserie mit dem Titel *Étreinte* (Umarmung,
1938) stellt Le Corbusier eine harmonischere Beziehung zwischen
männlichen und weiblichen Körpern dar. Sie beruhen auf Skizzen
einer auf dem Knie eines Mannes sitzenden Frau, der sie zärtlich
und schützend umarmt. Naïma und Jean-Pierre Jornod sehen diese
Serie in ihrem Werkverzeichnis als Darstellung von Le Corbusier
und Yvonne – eine Hypothese, die sich auf die Ähnlichkeit mit dem
Adieu Von betitelten Gemälde von 1939 stützt.[40] Als Yvonne 1957
starb, fügte Le Corbusier die Inschrift „Adieu Von 1939–1957" hinzu. Das Bild hing bis zu seinem Tode in seiner Pariser Wohnung.
Von besonderem Interesse ist auch *Étreinte II* |Abb. S. 27|, weil es
Maurice Raynal gewidmet war, zweifellos aus Dankbarkeit für seine Unterstützung in Zürich.

Le Corbusier hielt sich über neue Entwicklungen in der Pariser
Avantgardekunst auf dem Laufenden. Picassos zunehmend fragmen-
tiert und energisch werdende Kompositionen müssen einen starken
Eindruck auf ihn hinterlassen haben, vor allem wohl auch das Wandbild *Guernica* im spanischen Pavillon auf der Weltausstellung 1937
in Paris.[41] Kubismus und Purismus wurden in Pariser Kunstkreisen
zunehmend durch eine mehr expressive Herangehensweise an die
Malerei ersetzt. Wie schon von Raynal erwähnt, wurde Le Corbusiers
Werk immer persönlicher und erfreute sich nun auch eines größeren
Publikumsinteresses. Seine Hinwendung zur Wandmalerei erfolgte
1935–1936 in einem entscheidenden Moment, getragen von seinem
wachsenden Bedürfnis nach Anerkennung als Maler wie auch vom
Wunsch nach Ausdruck ganz persönlicher Gefühle.

Der Pavillon des Temps Nouveaux

Zu allem Überfluss sah sich Le Corbusier 1937 gezwungen, der Gruppe *Jeunes 1937* (Jugend 1937) beizutreten, um an der Weltausstellung in Paris teilnehmen zu können. Dabei handelte es sich um eine
Gruppe linker Architekten, die seit 1935 eine politisch engagierte
Strategie für die Ausstellung propagierte. Mehrere Mitarbeiter in
Le Corbusiers Büro in der Rue de Sèvres waren führende Mitglie-
der dieser Gruppe, darunter André Masson, Jean Bossu, Charlotte

---

39   Ebd., S. 1055, S. 1060.
40   *Adieu Von 1939–1957* (FLC 4).
41   Die Weltausstellung *Exposition Internationale des Arts et Techniques dans la Vie Moderne*
     fand vom 25. Mai bis 25. November 1937 in Paris statt. Sowohl das Palais de Chaillot als
     auch das Palais de Tokyo wurden für diese Ausstellung erbaut.

Perriand und sogar Le Corbusiers Cousin Pierre Janneret.[42] Rückblickend auf diese problematische Phase schrieb Le Corbusier 1940:

> *1935, als* La ville radieuse *veröffentlicht wurde – ein Buch in einem entscheidenden Moment meines Lebens – versuchte Charlotte Perriand, meine jungen Leute gegen mich aufzubringen, um ein „Anti-*Ville Radieuse*"-Buch herauszubringen (Sert, Weissmann, Bossu, Beaugé, später Pellak etc.).[43] Pierre stellte sich nicht auf meine Seite, vielmehr folgte er diesem Zusammenschluss. [...] Bossu schrieb mir einen Brief voller unsäglicher Beleidigungen. Ich habe diesen Brief Pierre und Charlotte gezeigt. Sie teilten mein Befremden nicht.[44]*

In der Tat ging Bossus Brief über einen politischen Kommentar weit hinaus, um Le Corbusier auch persönlich anzugreifen:

> *Ich bin empört und fassungslos über Ihr Verhalten, das den instinktiven Reflexen eines Tieres gleicht, und ich glaube, um der Wahrheit willen nicht brutal und grausam genug sein zu können. [...] Bester Corbu, etwas ist Ihnen in Ihrem Leben*

Fernand Léger, „Entwurf für einen Ballsaal und Entwurf für ein Fresko in einem Hotel", *L'Architecture Vivante*, Herbst 1924.

---

42 Udovicki-Selb, D., 1997. „Le Corbusier and the Paris Exhibition of 1937: the Temps Nouveaux Pavilion", *JSAH*, 56(1), S. 42–63. Siehe auch J. Barsac, 2005. *Charlotte Perriand: un art d'habiter, 1903–1959*, Paris, Norma, S. 140–144.

43 Das Buch erschien schließlich als: J. L. Sert, 1942. *Can Our Cities Survive? An A.B.C. of Urban Problems, Their Analysis, Their Solutions, Based on the Proposals Formulated by the Congrès Internationaux d'Architecture Moderne*, Cambridge, Mass., Harvard Univ. Press.

44 Collection Jornod. Siehe J.-P. Jornod und N. Jornod, 2005. *Le Corbusier: L'œuvre peint*, a. a. O., Anhang 1.12, S. 1038–1042, Anm. 23.

Fernand Léger und
József Csáky, „Entwurf
für ein Foyer", Salon
des Indépendants,
10. Februar–11. März,
1923.

> *entgangen, nämlich dass der Glaube eines Mannes aus-
> nahmslos auf Großzügigkeit beruhen kann. [...] Wozu diese
> Bitterkeit, diese Abscheu vor allem, was lebt und wächst,
> alles, was Naturkräften entspricht? [...] Sie behaupten stän-
> dig, sich nie um Politik zu kümmern, doch genau dann tun
> Sie es. Ihr ganzes Leben hat aus politischen Manövern be-
> standen.*[45]

Begreiflicherweise sah Le Corbusier dies als persönlichen Angriff.
„In 36-37, Pav.T.Nx [der Temps-Nouveaux-Pavillon auf der Weltausstellung 1938], war es ein Schlag gegen mich, ein richtiger Verrat zu
einer Zeit, als ich so schwer krank und auch mit einer derartigen
Verantwortung belastet war."[46]

Le Corbusier hatte einige Erfahrung mit Auseinandersetzungen mit
Behörden oder mit politischen Bewegungen, rechts wie links. Solche
Konflikte hatte er stets genutzt, um seinen Status als Prophet und
Märtyrer unter Beweis zu stellen. Aber diese Konfrontation aus der
Mitte seines eigenen Büros traf ihn ebenso auf persönliche Weise wie
insbesondere das zunehmende Schweigen zwischen ihm und Pierre:

> *Ab 1933 oder 1932 gab Pierre seine freundschaftlichen Be-
> ziehungen zu Yv (Yvonne) und mir fast vollständig auf – ein
> auffälliger Kontrast zu vorher. Nun drängte sich die Politik
> zwischen uns. [...] Pierre ist ein hitziger, introvertierter Mann,
> dickköpfig und mit schwachem Charakter. Er hat keine
> Kontrolle über sein Privatleben, ist unfähig, Entscheidungen
> zu treffen oder sich klare Grenzen zu setzen. Er ist komplett
> überfordert.*[47]

Trotz dieser Verstimmungen war der von Le Corbusier und seinen
Assistenten entworfene *Pavillon des Temps Nouveaux* einer der Aus-
stellungserfolge, der auch den gigantischen Wandgemälden und Foto-
collagen zuzuschreiben war, die die politische Debatte anregen sollten. Le Corbusiers Beitrag war eine riesige Wandbildcollage mit dem
Titel *Habiter* (Wohnen) |Abb. S. 33|: eine Zusammenstellung von
Fotografien mit fröhlichen, Sport treibenden Menschen und Bildern
seines Büros sowie von einer Wohnung in dem von ihm gerade entworfenen Gebäude in Boulogne-sur-Seine. Als Hintergrundkulisse
war eine Version der *Ville radieuse* zu sehen, der „strahlenden Stadt",
in der lange Wohnblocks um Grünflächen und Spielfelder angeordnet

45 Georges Blanchon Archive, zitiert von J. Barsac, 2005. *Charlotte Perriand: un art d'habiter*,
a. a. O., S. 173, Anm. 33. Le Corbusiers Rechtsruck in den 1930er-Jahren wurde viel diskutiert, u. a. in der Publikation von François Chaslin, 2015. *Un Corbusier*, Paris, Seuil. Diese
wurde wiederum verschiedentlich kontrovers erörtert. Siehe R. Baudoui (Hrsg.), 2020.
Le Corbusier 1930–2020: polémiques, mémoire et histoire, Paris, Tallandier.

46 Collection Jornod. Siehe J.-P. und N. Jornod, 2005. *Le Corbusier: L'œuvre peint*, a. a. O.,
Anhang 1.12 S. 1038–1042, Anm. 23. Tatsächlich war Le Corbusier 1937 krank und verbrachte
im Juli mehrere Wochen zur Erholung in der Bretagne.

47 Collection Jornod, ebd.

waren.[48] In diesem Wandbild hielt Le Corbusier sich an die Methode
Fernand Légers, indem er eine Fotocollage mit einem flachen gemal-
ten Hintergrund kombinierte, ohne den zweidimensionalen Charakter der Wandfläche zu beeinträchtigen.

Wandmalerei

Wand- oder Fassadengemälde stellen, wie generell Kunst im öffentlichen Raum, die Frage nach dem Geschmack und Verständnis des
Publikums. Der Kunstauffassung des Realismus der 1870er- und
1880er-Jahre zufolge sollten Künstler gesellschaftliche Themen all-
gemein verständlich und wirkungsvoll darstellen. In den frühen Ta-
gen der russischen Revolution gaben viele Künstler die Staffeleimalerei für öffentliche Arbeiten auf; dazu zählten die Propagandazüge
(Dampflokomotiven, die durch die gesamte UdSSR tourten) des „Pro-
letkults" oder Straßenumzüge (Propagandaveranstaltungen, bei denen Hunderte und manchmal Tausende von Arbeitern heroische Er-
eignisse der Revolutionsgeschichte inszenierten) ebenso wie der
Entwurf von Kleidung und Möbeln. Mit der Konsolidierung des kom-
munistischen Systems entstand – vor allem in den 1930er-Jahren –
die Doktrin des Sozialistischen Realismus, nach der der malende
Künstler ein möglichst breites Publikum zu inspirieren und anzuspor-
nen hatte und dabei die politischen Zielvorstellungen unter Verwendung traditioneller Stilrichtungen zu respektieren waren. Hierfür
spielte die Wandmalerei eine wesentliche Rolle, und viele dem Kom-
munismus zugetane Künstler fühlten sich durch das sowjetische Beispiel angeregt, eine zukunftsfähige Alternative zu schaffen, die die
Arbeiterklasse begeistern könnte, ohne die Grundsätze der modernen Kunst aufzugeben. Das Paradebeispiel war Picasso und dessen
Wandbild *Guernica* im spanischen Pavillon der Republikaner im Jahr
1937. Es wurde häufig als meisterhaftes Modell gerühmt, in dem sich
eine starke Botschaft politischen Protests mit ausgesprochen modernen Ausdrucksformen verband.[49]

Fernand Léger und Le Corbusier: ein konstruktiver Dialog

Viele moderne Künstler sahen es als problematisch an, Wandbilder
im öffentlichen Raum zu schaffen, wenn durch die Beibehaltung ihrer

---

48 Le Corbusier, 1933. *La ville radieuse*, Boulogne, Éditions de l'Architecture d'Aujourd'hui. –
In den 1930er-Jahren hatte Le Corbusier das Konzept einer neuen, idealen Stadt mit klar
definiertem Flächennutzungsplan entwickelt. Diskussionen auf dem Kongress CIAM IV an
Bord der „SS Patris" nach Athen wurden in sein Buch aufgenommen, was wiederum Einfluss auf die Charta von Athen hatte.
49 Siehe R. Golan, 2009. *Muralnomad: The Paradox of Wall Painting, Europe 1927–1957*,
New Haven, Yale University Press, S. 62.

Gerrit Rietveld und Truust
Schröder, Haus Schröder,
Utrecht, 1923–1924.

avantgardistischen Leitlinien die Übermittlung von Inhalten an das
breite Publikum weniger verständlich würde. Léger schrieb 1913 von
der „gesellschaftlichen Aufgabe, der Architektur zu ihrer volkstüm-
lichen Ausdruckskraft zu verhelfen", wobei ihm aber nicht klar war,
wie das „dekorative Fresko dies leisten könnte".[50]
Léger war insofern untypisch für viele moderne Künstler, als ihm
das Thema – das der modernen Stadt – ausgesprochen wichtig war.
Le Corbusier und Ozenfant machten zudem geltend, ihre Bilder
würden die Produkte des Maschinenzeitalters darstellen, beispielsweise industriell hergestellte Flaschen, Gläser, Karaffen und Teller.[51]
Doch ihnen ging es mehr um eine disziplinierte und harmonische Anordnung der Formen als um die Beschwörung der modernen Stadt.
Fernand Léger verteidigte die Einbeziehung moderner Bildsprache
in die Kunst und deren Ausweitung auf zeitgenössische Formen der
Populärkultur: Das Problem bestand darin, den notwendigen, aber
schwierigen Übergang in den Bereich von Populärkultur und Volks-
belustigung zu schaffen oder, wie Léger es ausdrückte, in „den gefähr-
lichen, schwer zu überschreitenden Bereich, der" dennoch „überquert

50 Léger, F., 1913. „The Origins of Painting and its Representational Value", zitiert in
C. J. Green, 1976. *Léger and the Avant-Garde*, New Haven, Yale University Press, S. 28,
Anm. 168.

51 Ozenfant, A. und C.-E. Jeanneret, 1921. „Le Purisme", *L'Esprit Nouveau*, 4, S. 369–386.

werden muss".[52] Louis Chéronnet, ein Kunstkritiker, zitiert Fernand Léger, der die Plakate von A. M. Cassandre für deren Beitrag zum Straßentheater lobte.[53] Zur näheren Erläuterung verglich Léger ein Plakat der Seifenfirma Bébé Cadum mit einem Cassandre-Plakat für die Zeitschrift *L'Intransigeant* |Abb. S. 34|. Während die realistische Bildsprache des Bébé-Cadum-Plakates eine perspektivische Leere in der Wand schuf, trug dasjenige von Cassandre mit seinem flachen figurativen Raum und seiner geometrischen Konstruktion zu den architektonischen Werten der Straße bei. In diesem Sinne war Cassandres Plakat wie ein Wandgemälde, das die Mauer bejahte, anstatt sie zu eliminieren.

Léger war versucht, sich direkt in ein Architekturprojekt einzuschalten, und so arbeitete er 1923 mit dem Bildhauer und Innenarchitekten József Csáky an einem Türenpaar für ein Foyer |Abb. S. 37|, das als Modell in Originalgröße im Salon des Indépendants ausgestellt wurde (10. Februar–10. März 1923). Von diesem Projekt ist nur ein Schwarz-Weiß-Bild erhalten, aber anhand einer Reihe von Skizzen, die Léger seinerzeit für Wandmalereien anfertigte, kann man sich ein Bild des Entwurfs machen. Einige dieser Vorlagen wurden von Jean Badovici in der Herbstausgabe 1924 von *L'Architecture Vivante* veröffentlicht. Légers farbenfrohe abstrakte Formen waren von einem von József Csáky entworfenen dezenten Reliefrahmen umgeben |Abb. S. 36|. Der Kritiker Waldemar George bemängelte dieses Konzept mit denselben Worten, mit denen Léger später das Plakat von Bébé Cadum kritisierte.[54] Die flache Wandoberfläche, so George, ginge durch Légers farbenfrohe geometrische Formen verloren, was durch Csákys neokubistischen Rahmen noch verstärkt würde.

Im Gespräch mit Léger kritisierte auch Le Corbusier dieses Projekt: „Sie geben also zu, dass farbige Oberflächen zumindest weitgehend intakt bleiben und niemals so dekoriert werden sollten, wie Sie es mit Csáky im letzten Salon des Indépendants versucht haben." Worauf Léger antwortete: „Absolut richtig, genau da lag der Fehler: Wände müssen eine durchgängige Einheit bleiben, damit sie als Ganzes Teil der [räumlichen] Gleichung werden."[55] Das Schlüsselwort in Le Corbusiers Kommentar ist „dekoriert". Moderne Architektur ließ sich für ihn nicht „dekorieren", und Kunst, die sich zur Dekoration hergab, war keine Kunst mehr.[56]

---

52 Fernand Léger, 1925. „The Spectacle of Objects", in F. Léger, 1965. *Fonctions de la peinture.* Paris, Gonthier, S. 39.

53 Ein Zitat aus dem Gespräch mit Léger, zitiert in L. Chéronnet, 1926. „La publicité moderne: Fernand Léger et Robert Delaunay", *L'Art Vivant*, S. 800.

54 Meinen Dank an Anna Vallye für diese Einsicht: Vallye, A., et al., 2013. *Léger: Modern Art and the Metropolis*, Philadelphia, Philadelphia Museum of Art in association with Yale University Press, S. 28.

55 Le Corbusier, 1923. „Salon d'automne; Architecture", *L'Esprit Nouveau*, Nr. 19, Dezember 1923, o. S.

56 Diese Argumente wurden in Le Corbusiers Essays ausführlich dargelegt; veröffentlicht 1924 in *L'Esprit Nouveau* und 1926 als Buch: Le Corbusier, 1926. *L'art décoratif d'aujourd'hui*, Paris, Éditions G. Crès et Cie.

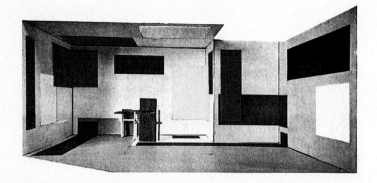

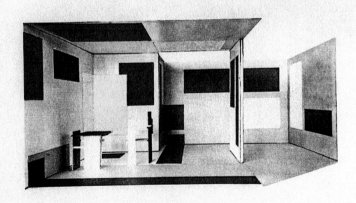

Vilmos Huszár und Gerrit
Rietveld, Inneneinrichtung,
gezeigt in der Groß-
Berlin-Ausstellung, 1923.

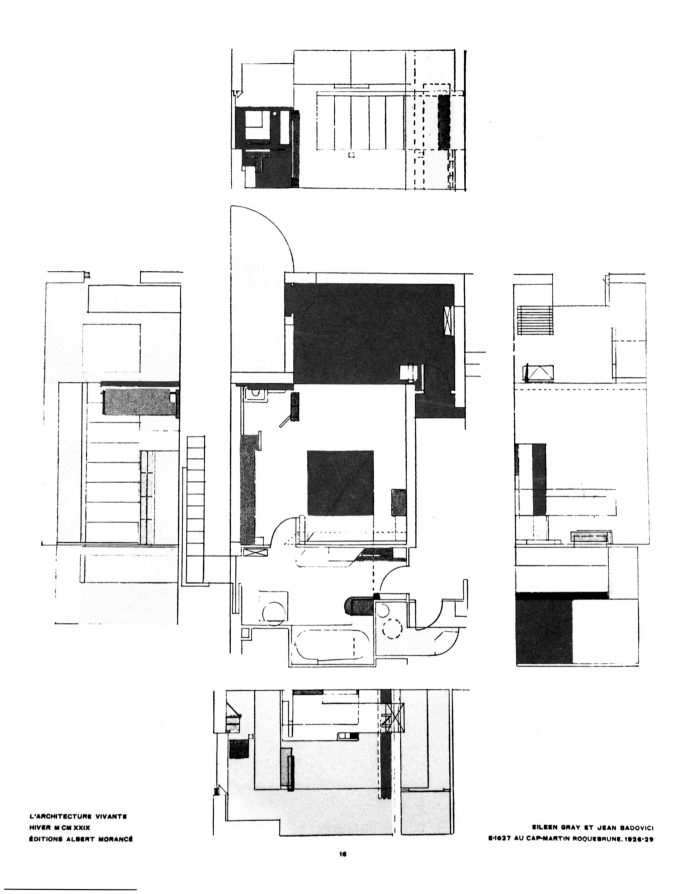

L'ARCHITECTURE VIVANTE
HIVER M CM XXIX
ÉDITIONS ALBERT MORANCÉ

EILEEN GRAY ET JEAN BADOVICI
E-1027 AU CAP-MARTIN ROQUEBRUNE, 1926-29

16

Eileen Gray und Jean
Badovici, Grundriss und
Aufriss des Hauptschlaf-
zimmers, E1027, *L'Architecture Vivante*, 1929.

Le Corbusier und Pierre Jeanneret, axonometrische Studie der Villa Cook, Boulogne-sur-Seine, 1928.

Darüber hinaus machte Le Corbusier klar, dass letzten Endes ein Werk farbiger Architektur nicht vom Künstler signiert werden könne. Anders ausgedrückt, es wäre damit zur Architektur geworden. In einem Vortrag im Jahr 1933 vertrat Léger die gegenteilige Ansicht. Für ihn gehörte jede polychrome Arbeit in den Bereich des Künstlers:

> *Werte Architekten, Sie möchten zu gerne vergessen, dass Künstler in die Welt gesetzt wurden, um tote Oberflächen zu zerstören, sie erträglich zu machen und die allzu absoluten Architektenregeln zu umgehen.*[57]

Künstler, so behauptet er, könnten eine Schlüsselrolle in der Milderung kalter und brutaler Auswirkungen moderner Architektur einnehmen. Dabei ist auch seine Wortwahl „tote Oberflächen zerstören" bemerkenswert. Nur Maler, betont er, hätten die Kunstfertigkeit, Architektur mit Farbe auszustatten.[58] Ferner schlug er eine Abmachung zwischen Künstler und Architekt vor:

> *„Werter Herr Maler", würden Sie in Ihrem hochnäsigen Ton sagen, „ich hätte hier gerne mal 3,50 m × 1,25 m lebendige Farben." „Ja gut, werter Herr Architekt", würde der Künstler ganz bescheiden sagen, „das können Sie natürlich gerne haben." Das erfordert aber eine Dreiecksabmachung: Wand – Architekt – Maler.*[59]

Abschließend erklärte Léger jedoch, Architekten – und hier bezog er sich ganz offensichtlich auf Le Corbusier– würden eine solche Abmachung nicht wollen.

Die Offenbarung von De Stijl

Diese Diskussion wurde durch die Ausstellung der holländischen De-Stijl-Gruppe in Léonce Rosenbergs Galerie de L'Effort Moderne im Oktober 1923 weiter vertieft.[60] Als Zusammenarbeit hatten der niederländische Architekt Cor Van Eesteren und der De-Stijl-Künstler Theo Van Doesburg Gemälde, Architekturzeichnungen und farbige Architekturmodelle ausgestellt. Eigenartigerweise kritisierte Le Corbusier die Verwendung von Farbe im Außenbereich, obwohl er in allen seinen Gebäuden der 1920er-Jahre Außenfarbe verwendete, bisweilen diskret wie im Fall der Villa Stein-de Monzie und der Villa Savoye oder auch sehr explizit in seiner Wohnsiedlung in Pessac. Gleichwohl war er der Ansicht, die De-Stijl-Experimente mit Farbe im Innenraum seien eine nähere Betrachtung wert. Als ein Beispiel ist hier seine polychrome Behandlung der Villa Cook anzuführen

57 Leger, F., 1933. „Le mur, l'architecte, le peintre", in F. Léger, 1965. *Fonctions de la peinture*, a. a. O., S. 180. Dieser Vortrag wurde im Mai 1933 im Kunsthaus in Zürich und noch einmal im selben Jahr auf CIAM IV in Anwesenheit von Le Corbusier gehalten.

58 „Sie möchten selbst gerne Farbe einsetzen. Doch erlauben Sie mir darauf hinzuweisen, dass Sie sich hier, in dieser heutigen Zeit spezieller Fachkenntnisse, im Irrtum befinden." Ebd., S. 182.

59 Ebd.

60 Bois, Y.-A. und B. Reichlin, 1985. *De Stijl et L'architecture en France*, Brüssel, Mardaga.

Detail der nördlichen
Wand des Wohnzimmers
E1027.

Nördliche Wand des
Wohnzimmers E1027.
Die polychrome Wand-
gestaltung von Eileen
Gray und Jean Badovici
wurde freigelegt durch
den Architekten Pierre-

Antoine Gatier während
seiner Restaurierung
des Hauses (2006–2010,
Foto 2012).

Eileen Gray und Jean
Badovici, Fotografie des
Salons, E1027, überlagert
mit dem Pochoir-Farb-
schema, *L'Architecture
Vivante*, 1929.

Le Corbusier, Wand-
gemälde im Schweizer
Pavillon, 1948.

Le Corbusier and Pierre
Jeanneret, Aufenthalts-
raum im Schweizer
Pavillon, Cité Universitaire,
Paris, Fotowandbild
von 1933.

|Abb. S. 43|. Doch es ging bei dieser Diskussion noch immer um rein farbige Architektur oder um die Hängung von Staffeleimalerei. In Le Corbusiers Worten war Légers Kunst grundlegend von Architektur, der Stadt und dem Stellenwert der Farbe in beiden geprägt. Aber er fuhr fort: „Diese Malerei ist eine Schwester der Architektur. Darin liegt ihre Bedeutung. Jedoch ist und bleibt es Malerei."[61]

Die De-Stijl-Ausstellung hatte zwei Menschen nachhaltig beeindruckt: Jean Badovici und Eileen Gray. Der Respekt war ihnen gemeinsam: Grays Präsentation im Salon des Artistes Décorateurs 1923 – das sogenannte Boudoir de Monte Carlo (die Monte-Carlo-Wohnung) – fand in den Niederlanden große Beachtung.[62] Badovici veröffentlichte die Arbeiten der De-Stijl-Gruppe in Holland, deren Werke er und Gray begutachteten, darunter das kurz zuvor fertiggestellte Schröder-Haus von Gerrit Rietveld und Truus Schröder in Utrecht (1923–1924) |Abb. S. 39|, das in der Leonce-Rosenberg-Ausstellung im Modell zu sehen war. Sicherlich hatten sie während ihres Berlinaufenthalts auch den von Vilmos Huszár und Gerrit Rietveld für die Groß-Berlin-Ausstellung entworfenen Raum besichtigt |Abb. S. 41|. Jedenfalls veröffentlichte Badovici dessen Innenausstattung in Farbe 1924 in *L'Architecture Vivante*.

Während Van Doesburg und Van Eesteren, Vilmos Huszár und Gerrit Rietveld mit einer Verknüpfung von Malerei und Architektur experimentierten, vertrat Piet Mondrian eine andere Auffassung: „Auch wenn Kunst unteilbar ist, sind die Ausdrucksmöglichkeiten jeder der Künste unterschiedlich. So sollte eine jede Kunstrichtung eben diese Möglichkeiten innerhalb ihres eigenen fachlichen Rahmens entdecken."[63] Da Le Corbusier gemeinhin genau diese Ansicht vom Trennen der Künste in autonome Disziplinen teilte, war sein Bestreben, die Rolle des architektonischen Koloristen zu übernehmen, umso überraschender. Im Bestreben, sich von Badovici Architekturkenntnisse anzueignen, nahm Eileen Gray bei der mit ihm befreundeten Adrienne Gorska Unterricht in Architekturzeichnung. Ein schematisches Modell einer ihrer architektonischen Entwürfe wurde dann in dem *Wendingen*-Artikel aufgenommen, der ihrer Arbeit gewidmet war. Gray interessierte sich eindeutig für die Verwendung abstrakter Farbflächen als Mittel zur Gliederung von Innenräumen, denn als sie und Badovici 1929 die Sonderausgabe von *L'Architecture Vivante* über E1027 veröffentlichten, verwendeten sie eine *Pochoir*- bzw. Schablonentechnik, um in Anlehnung an De Stijl Farbflächen in Wände, Böden und Decken zu einzufügen. Außerdem haben neuere Untersuchungen an der Nordwand des E1027-Wohnzimmers eine abstrakte

---

61 Le Corbusier, 1929. „L'Architecture et Fernand Léger", *Sélection. Chronique de la vie artistique*, Nr. 5, Antwerpen, Februar 1929.

62 Die Monte-Carlo-Wohnung wurde 1923 im *Bouwkundig Weekblad* und 1924 in der angesehenen Zeitschrift *Wendingen* mit einem Artikel von Jean Badovici und einer Einführung des De-Stijl-Architekten Jan Wils veröffentlicht. J. J. P. Oud schrieb Gray eine Postkarte, in der er ihre Arbeit lobte, siehe P. Adam, 2000. *Eileen Gray: Architect/Designer. A Biography*, a. a. O., S. 163–169.

63 Mondrian, P., 1917. „Neo-Plasticism in Painting", *De Stijl*, 1, 1, S. 6.

polychromatische Behandlung freigelegt |Abb. S. 44 und 45|,[64] die den allgemeinen Grundsätzen von De Stijl verpflichtet war, wenn auch nicht in den verwendeten Farben. Anstelle von Rot, Gelb und Blau des De-Stijl-Kanons wählte Gray aus ihrer eigenen Farbpalette, inspiriert von der rotbraunen Erdfarbe bei Cap-Martin, dem Blau des Meeres und einem Gelb, das möglicherweise vom Mauerwerk der Terrassen stammt.

Zum Zeitpunkt des Erscheinens der Sonderausgabe von *L'Architecture Vivante* im Jahr 1929 waren die Wände des Wohnzimmers schon weiß bzw. cremefarben überstrichen und verdeckten somit die Polychromie. Die im Plan blau eingefärbten Bodenpartien im Schlafzimmer wurden in schwarzen Fliesen ausgeführt. Auch die Fliesen von Wohnzimmer, weiteren Räumen und der Terrasse im Garten zeigen ähnlich schwarze oder graue Flächen als Hinweis auf unterschiedliche Tätigkeitsbereiche.

Wandmalerei als Propaganda

Die 1930er-Jahre waren eine großartige Zeit für Wand- und Fassadenmaler, deren Spektrum von den Künstlern des Sozialistischen Realismus der Sowjetunion bis zu denjenigen reichte, die für das faschistische Regime in Italien arbeiteten. Das Wandgemälde war nun zu einem wichtigen Propagandamittel geworden. Gleichzeitig hegte man auch in den sogenannten demokratischen Ländern ein verstärktes Interesse an der Wandmalerei, bedingt durch die großen Wandflächen der modernen Architektur wie auch durch den vorherrschenden Stil des abgespeckten (Neo-)Klassizismus. Entsprechend war die Weltausstellung 1937 eine Orgie der Wanddekoration, von sozialistischen und kommunistischen Fototapeten bis hin zu Ausgestaltungen in der Art-déco-Tradition der 1920er-Jahre. Le Corbusiers Pavillon des Temps Nouveaux, der mit großen collagierten Wandgemälden die Botschaft von sozialer Reform und Stadterneuerung verbreitete, war da keine Ausnahme |Abb. S. 33|.

Im Oktober 1936 wurde Le Corbusier nach Rom eingeladen, um einen Vortrag auf einer angesehenen Konferenz, dem 6. *Convegno Volta*, zu halten. Das Thema der Konferenz, „Beziehungen zwischen Architektur und figurativer Kunst", war von besonderem Interesse im faschistischen Italien, wo die durch skulpturale Reliefs und Wandmalereien vermittelte Propaganda eine bedeutende Rolle spielte. Wiederum ließ Le Corbusier keinen Zweifel daran, dass jedwede großformatige figurative Malerei in Bauwerken abzulehnen war. Wenn überhaupt, sollten Architekten bestenfalls Polychromie einsetzen und auch auf die Auswahl von einfarbigen Tapeten zurück-

---

64   Pierre-Antoine Gatier entdeckte an der Nordwand des Wohnzimmers Spuren von Farbe und rekonstruierte 2010 die ursprüngliche polychrome Komposition in Braun, Blau, Gelb und Rosa. Bei der anschließenden Restaurierung (2015–2022) wurde beschlossen, diese zu übermalen, um den Effekt der Fotografien von 1929 wiederherzustellen.

Le Corbusier, Karton-
entwurf für den Marie-
Cuttoli-Wandteppich,
1935.

Robert Delaunay,
Studie für die Seitenwand
des Eisenbahnpavillons
auf der Weltausstellung,
Paris, 1937.

Fernand Léger bei der
Gestaltung seines Wand-
gemäldes im Hof von
Badovicis Haus in Vézelay.

Fernand Léger beim Malen.

Le Corbusier, Sequenz von
16-mm-Filmbildern von
Légers Wandbild in Vézelay,
aufgenommen zwischen
dem 30. Oktober und dem
4. November 1936, gemalt
im Jahr zuvor.

greifen, wie er sie kürzlich für den Schweizer Hersteller Salubra entworfen hatte.[65] Lediglich der Architekt könne dies ausführen:

> [der Künstler] disqualifiziert die Wand, sprengt sie in die Luft, lässt sie explodieren, nimmt ihr ihre Existenz. [...] Architektonische Polychromie bringt Wände nicht um, vielmehr verschiebt sie diese im Raum und ordnet sie entsprechend ihrer Bedeutung.[66]

Und in einem Artikel von 1935 in *L'Architecture d'Aujourd'hui* bekräftigte er erneut die Autonomie der Architektur: Architektur an sich ist Medium vollkommener Lyrik. Allein Architektur kann einer Idee als Ganzes Ausdruck verleihen.[67] Immerhin führte er an, dass eine Zusammenarbeit mit Malerei und Skulptur durchaus möglich sein könnte. Jedoch erfordere dies Fingerspitzengefühl. Sowohl die Architektur als auch das Kunstwerk müssten respektiert werden:

> Das Kunstwerk ist Präsenz. Das Kunstwerk ist gleichsam die Präsenz eines Gastgebers in einem Haus. Man muss ihm zuhören. Und es kann große Freude bereiten, ihm zuzuhören.[68]

Obwohl Le Corbusier noch immer in erster Linie Kunstwerke wie Staffeleimalerei im Sinn hatte, mag er auch schon an jene Wandteppiche und -malereien gedacht haben, die er ab 1936 entwerfen würde. Nach und nach veränderten sich seine Vorstellungen von großformatiger Malerei.[69] Hier gilt es, den Beitrag zu würdigen, den Le Corbusier und Pierre Jeanneret 1933 zur Neugestaltung der geschwungenen Wand im Schweizer Pavillon der Cité Universitaire in Paris geleistet haben. Anstelle einer Wandmalerei wählten sie eine Fotomontage |Abb. S. 46|, welche der damaligen Popularität dieser Technik entsprach, aber auch Le Corbusiers Interesse an organischen Formen. Die die gesamte Wand bedeckende Fotomontage hatte zwei Vorteile, sie ließ kein „Loch" in der Wand entstehen und vermied aufgrund des Inhalts zudem den Vorwurf, „dekorativ" zu sein. Tatsächlich beschuldigte die *Gazette de Lausanne* die Architekten eines auf die „Korruption von Minderjährigen" hinauslaufenden Propagandaakts.[70] Diesen Artikel vom 28. Dezember 1933 hat Le Corbusier im zweiten Band seines *Œuvre complète* von 1937 genüsslich wiedergegeben. Während des Krieges wurde die Fototapete beschädigt, und Le Corbusier ersetzte sie 1948 durch ein Wandbild, das auf vier seiner Gemälde beruht.

---

65 Eine Übersicht über Le Corbusiers Arbeit für Salubra findet sich in A. Rüegg (Hrsg.), 2016. *Le Corbusier. Polychromie architecturale. Color Keyboards from 1931 and 1959.* 2. überarbeitete Auflage, Basel, Birkhäuser.

66 Le Corbusier, 1936. „Les tendances de l'architecture rationaliste en rapport avec la collaboration de la peinture et la sculpture", *Convegno di arti*, S. 107–119. Zitiert in R. Golan, 2009. *Muralnomad: The Paradox of Wall Painting*, a. a. O., S. 62.

67 Le Corbusier, 1. Juli 1935. „Sainte alliance des arts majeurs, ou le grand art en gésine", *La bête noir*, Paris.

68 Ebd.

69 Arnoldo Rivkin zeichnet die Entwicklung von Le Corbusiers Gedanken zur Synthese der Künste nach. Siehe A. Rivkin, 1987. „Synthèse des Arts; un double paradoxe", in J. Lucan (Hrsg.), *Le Corbusier une encyclopédie*, Paris, Centre Georges Pompidou, S. 286–291.

70 Le Corbusier, 1937. *Le Corbusier et Pierre Jeanneret Œuvre Complète 1929–1934*, Zürich, H. Girsberger, S. 76. – Nachdruck 1995, Willy Boesiger (Hrsg.), *Le Corbusier Œuvre Complète Volume 2 1929–34*, Basel, Birkhäuser.

Fernand Léger, Wand-
gemälde im Hof von Bado-
vicis Haus in Vézelay, 1935.

Le Corbusier, Wand-
gemälde in Badovicis Haus
in Vézelay, April 1936.

Kunst im Mittelalter:
Vorbild für Wandmalerei?

1929 regte Le Corbusier an, figurativer Freskenmalerei eine Rolle in der Architektur zuzuweisen. In einem Text, in dem er Légers Entdeckung einer neuen Sprache in den Maschinen der modernen Welt und im Schauspiel der Straßen lobte, ließ Le Corbusier eine vielversprechende Bemerkung fallen.

> *Eine ganz neue Kunst ist [Légers Werk]. Und eine solche hat es schon einmal gegeben, zu Zeiten, als die Malerei der Architektur noch nahestand – ein meisterhaftes, zutreffendes und großartiges Spiel der im Licht zusammengeführten Formen: ein meisterhaftes und großartiges Spiel der Farbkräfte, die sich auf der Oberfläche einer Wand bewegen.*[71]

Dies scheint eine Anspielung auf die Fresken- und Mosaikzyklen zu sein, die der junge Le Corbusier bei seinen ersten Italienreisen 1907 und 1911 skizziert und beschrieben hatte. Seinerzeit bewunderte er die mittelalterlichen Fresken des Campo Santo in Pisa, die Arbeit von Giotto und seiner Gehilfen in Santa Croce in Florenz und vor allem auch die Arbeit von Orcagna in Orsanmichele.

Le Corbusiers anhaltendes Interesse an romanischen Fresken wird in einem Brief an Yvonne vom 27. März 1932 am Ende einer beschwerlichen Reise nach Mallorca und Barcelona deutlich:

> *Heute Morgen habe ich also endlich die Fresken im Katalanischen Museum besucht. Diese Bilder haben mich einfach umgehauen. Das ist genau, wonach ich suche. Mediterrane Antike: Sie führt hin zu unserer Arbeit. Ich schöpfe wieder Selbstvertrauen.*[72]

Obwohl ihn wahrscheinlich die grafischen Abstraktionen der katalanischen Malerei interessierten, bewegte ihn auch die Thematik großformatiger Wandgemälde. Diese Bilder, die man in mühevoller Kleinarbeit aus den Kirchen Kataloniens herausgelöst hatte, wurden im Nationalmuseum in Barcelona in einem Kontext installiert, der die Hintergrundbeschaffenheit der ursprünglichen Wände und Gewölbe wiedergibt. Die Kuratoren des Musée des Monuments Historiques in Paris verfolgten diese Entwicklung mit großem Interesse und begannen nun, originalgetreue Kopien französischer Gemälde aus dem Mittelalter im Trocadéro zu installieren.[73] 1937 wurde im damals neu errichteten Palais de Chaillot ein Freskenmuseum eingerichtet, und wie in Barcelona wurden ganze Teile der Kirchen, in denen diese Fresken beheimatet waren, dreidimensional reproduziert. Es ging darum, die Wandmalerei – als Kunst dreidimensionaler Räume – von der Staffeleimalerei abzugrenzen.

---

71   Le Corbusier, 1929. „L'Architecture et Fernand Léger", *Sélection. Chronique de la vie artistique*, a. a. O., S. 21–24.

72   Brief Le Corbusiers an Yvonne, 27. März 1932 (FLC R1(12)356-358).

73   Golan, R., 2009. *Muralnomad: The Paradox of Wall Painting*, a. a. O., S. 74–77, Anm. 38.

Kunst der Renaissance:
Vorbild für ein Gesamtkunstwerk?

Le Corbusier begann sich auch für Fresken der Renaissance zu interessieren. In einem Brief vom 27. Juli 1938 an einen südafrikanischen Freund, den Architekten Rex Martienssen, entsinnt er sich einer Unterhaltung, die er 1936 mit Bertie Landsberg auf dem Ozeandampfer „Conte Biancamano" geführt hatte. Landsberg war der Besitzer von Palladios Villa Malcontenta, und Le Corbusier schlug vor, ein mit modernen Fresken geschmücktes Bauwerk zu entwerfen.

> *Ich sagte ihm [Landsberg], dass es für jedermann mit einem entsprechenden Geldbetrag möglich sei, mit mir als Architekt und meinen Freunden als Malern und Bildhauern eine Villa im Geiste von Palladio zu bauen. Ziel wäre es, ein Werk zu schaffen, so perfekt, wie man es sich überhaupt nur vorstellen kann. Der Besitzer könnte ganz in der Nähe in einem anderen Haus wohnen, aber er hätte dann dieses Juwel des zwanzigsten Jahrhunderts, das weltweit berühmt wäre. Es würde meiner Generation der über Fünfzigjährigen mit einer beständigen Verbindung zu moderner Kunst ermöglichen, ein echtes und einzigartiges Kunstwerk ihres Zeitalters zu erschaffen.*[74]

Bemerkenswert ist, dass Le Corbusier gerade die ersten beiden Wandmalereien in der Villa E1027 fertiggestellt hatte, als er sich für ein Gesamtkunstwerk nach dem Vorbild Palladios engagierte.

Kunst im öffentlichen Raum

Le Corbusiers sich wandelnde Anschauungen während der 1930er-Jahre lassen sich gut in einem gedankenvollen Artikel nachvollziehen, den er über Robert Delaunays riesengroße farbige Wandmalereien im Eisenbahnpavillon der Weltausstellung 1937 schrieb | Abb. S. 49 |.[75] Er würdigte das Pariser Modell, einigen der besten modernen Maler große Wandflächen anzubieten, und wies auf die Problematik einer „Zwangsheirat" zwischen Künstler und Architekt hin, zu der eben auch Kunst im öffentlichen Raum zählte. Er zollte Delaunay und seinen Mitarbeitern jedoch besondere Anerkennung, weil sie sich am geschicktesten der Herausforderung stellten, einen riesigen Raum mit großen Farbschwaden auszugestalten, in dem „das Farbschema von einem Koloristen angeordnet wurde, der den Beitrag

---

74 Brief Le Corbusiers an Rex Martienssen, 27. Juli 1939 (FLC E2(14)596). Le Corbusier hatte 1935 in der Villa Malcontenta übernachtet. Rex Martienssen schrieb 1941 ganz begeistert über E1027.
Siehe P. Adam, 2000. *Eileen Gray: Architect/Designer. A Biography*, a. a. O., S. 219, Anm. 28. Laut Adam besichtigte Martienssen E1027 in Begleitung von Le Corbusier im Jahr 1938.

75 Vierseitiges Typoskript mit dem Titel „Robert Delaunay; A propos de peintures murales à l'exposition de 1937" datiert vom 7. Dezember 1937 (FLC A3(1)182).

LE CORBUSIER

PEINTURE MURALE OU PEINTURE SPATIALE

Sous le titre « le mur a crevé », M. Jean Badovici a écrit l'article que nous reproduisons sans toutefois partager toutes les idées de l'auteur.

— Fernand, j'ai en face de moi un mur ennuyeux, un mur qui me désespère; il est trop près, trop haut, tout cela me donne un sentiment de tristesse !...

Voilà pour vous, les peintres, une occasion, non pas de le décorer, mais bien de le faire SAUTER, de le détruire avec de la peinture, de l'enfoncer, de l'éloigner, de créer enfin un peu d'ESPACE AUTOUR... Ce sera votre vrai rôle dans l'architecture de demain...

Ce sont ces propos que j'avais tenus en Bourgogne, en 1934, sur un chantier, dans une très vieille maison. Une cour peu profonde, entourée de murs très hauts, fiers et hardis. Dans la cour, Le Corbusier, Fernand Léger et moi. On discutait: le style se lâche. La seule odeur des tubes faisait mourir les toiles, l'ingratitude est générale: il y a les reproches, le flottement de la peinture de chevalet; les architectes qui ne veulent plus de la peinture. On se rappelait certaines conférences où des amis faisaient une propagande décourageante et injuste.

Mais, devant le mur, la discussion se dépouille, et — battant neuf — une idée nous vient à tous: CELLE DE LA DESTRUCTION DES MURS PAR LA PEINTURE complétant par excellence, l'architecture à venir. Une étape est terminée, une possibilité saine est, de nouveau, en marche et la forme pressentie de l'avenir: LA PEINTURE SPATIALE, retrouve la grande tradition picturale.

La peinture de chevalet, dans sa forme courante, sera liquidée et la peinture accusera désormais l'architecture dans son ensemble, ne soulignera plus le mur, comme par le passé, dans la fresque-sujet. LA FRESQUE SERA SPATIALE.

La tristesse de ces peintures d'hier était comme ces affi-

ches qu'au bord de la route on essaie de voir et que personne ne voit. Jardins en friche, oiseaux qui ne chantaient plus. Et bavardage pourtant, qui d'une petite idée faisait une si grande page ! Quel beau bouquet n'avons-nous pas glané dans l'histoire de la fresque. A se jeter à genoux ! L'Antiquité, les Byzantins et les Gothiques. Et toutes ces Renaissances qui témoignent du rôle collectif de la véritable peinture à fresques. PERDUES, OUBLIEES.

Demain: Stades, Bâtiments publics, Piscines de nouveau pourront, grâce à cette PEINTURE SPATIALE, s'alléger et perdre de leur volume et de leur pesanteur. L'esprit n'en sera que plus allègre.

Nous en étions arrivés à la liquidation du mur-sujet. LE MUR-OBJET sera partout. LE MUR DYNAMIQUE suit, dans cet essai, son évolution naturelle, atteint son véritable but: LA PEINTURE AU GRAND AIR: LA PEINTURE DE LA VIE... Le mur ouvre la période des grands avenirs. Le cas du MUR DYNAMIQUE fera naître des possibilités, plus vastes encore, lorsque l'utilité et l'esprit se seront généralisées. LA PEINTURE SERA UTILE.

Dans la fresque réalisée en Bourgogne et qui est un départ, Léger a rompu le mur le multipliant, s'exprimant par des plans purs, des obliques décidées, qui se meuvent dans l'espace libre, clair, sans « vapeurs et sans tâches protectrices ».

Il a créé une nature métallique de paravents et de serpentins courant en hauteur et confondant le mur à un fond plus blanc que les lacs.

Style vertical, éclatant, sans bavures. Style d'espace. Architectural surtout. Une parade ! Le mur vit dans l'intensité d'aujourd'hui. Léger a subordonné ce mur à l'ordre dynamique de sa composition: les éléments actifs, qui nous restituent la sensation équivalente et ferme de ses possibilités picturales.

Léger est tout glorieux de s'être mis LE MUR à dos. 75

Le Corbusier beim Malen seines Wandbildes in Badovicis Haus in Vézelay, 1936.

Le Corbusiers Wandbild in Badovicis Haus, April 1936, abgebildet in Badovicis Artikel „Peinture murale ou peinture spatiale", *L'Architecture d'Aujourd'hui*, März 1937.

von Farbe zu Raum und Lyrik versteht. Durch wohlüberlegte Farbkombinationen bringt all das eine explosive, den Raum erweiternde Freude zum Ausdruck."[76] Le Corbusier sah das Geheimnis Delaunays in der Ausgewogenheit zwischen architektonischer Polychromie mit ihrem raumverstärkenden und steuernden Potenzial einerseits und der Staffeleimalerei andererseits. Interessanterweise beendete Le Corbusier diesen kurzen Text mit einem uncharakteristischen Anflug von Selbstzweifeln:

> *Obzwar ich konkrete Empfindungen zu unterschiedlichen Wirkungen von Polychromie, Gemälden und farbigen Skulpturen untersucht habe, so muss ich doch eingestehen, dass die Problematik von Wandmalerei in der Architektur Ratlosigkeit bei mir hinterlässt. Man verzeihe mir meine Unentschlossenheit, die ein Produkt einer realen, mit mir selbst geführten Debatte ist. Ich halte es für notwendig, diese Experimente fortzusetzen, und Erfolg lässt sich genau dann erzielen, wenn sich ein Zusammenfinden ergibt und wenn verwandte Talente in Malerei und Architektur im Einklang miteinander sind.*[77]

---

76 Ebd.
77 Ebd.

Tapisserien: mobile Wandbilder?

Wandteppiche waren ein großflächiges Medium, auf dem sich Bilder im Maßstab von Wandgemälden wirkungsvoll fertigen ließen. Die Inhaberin der Galerie Maison Myrbor, Marie Cuttoli, gab Entwürfe bei einer Reihe führender Künstler in Auftrag, darunter Picasso und Léger, und wandte sich 1936 auch an Le Corbusier.

Er produzierte einen Entwurf |Abb. S. 49| nach seinem Gemälde *Femme, cordage, bateau et porte* (Frau, Seil, Boot und Tür), 1935. 25 Jahre später prägte Le Corbusier den Begriff *muralnomad* (Wanderwandbild), der Tapisserien als mobile Option für Menschen versteht, die mehrmals die Wohnung zu wechseln beabsichtigen.[78] Ihm zufolge sollte ein Wandteppich nicht wie ein Gemälde sein; er müsse architektonischen Maßstab haben, er solle den Boden berühren und über die Betrachtungshöhe hinausragen. Und doch ließe er sich einfach zusammenrollen und von Haus zu Haus transportieren. Zu diesem Zeitpunkt hatten Le Corbusiers Bedenken nachgelassen, figurative Kunst auf Wandflächen anzubringen. Als er einen Assistenten bat, sich Fotos der Wandmalereien anzusehen, bezeichnete er diese interessanterweise als „Wandteppiche der Villa Badovici".[79]

Das erste Wandgemälde:
Léger, Vézelay und Badovici

1935 bat Jean Badovici seinen Freund Fernand Léger, die Wand eines halboffenen Innenhofs in einem der alten Steinhäuser zu bemalen, die er in Vézelay erworben und restauriert hatte |Abb. S. 52|.[80] Léger fertigte einen Kartonentwurf an und beauftragte den lokalen Schildermaler Raoul Simon, ihn auf die Wand zu übertragen. Le Corbusier wollte nicht zurückstehen und schrieb am 4. April 1936 seiner Mutter:

> *An Ostern habe ich genau vier Tage, um nach Vézelay zu fahren und zwei Wände zu bemalen. Doppelt so groß wie die Fläche deiner Wohnzimmerwand. Natürlich ohne Bezahlung! So kreiert man heutzutage seine Werke. Ich freue mich, diese Wände in Angriff zu nehmen.*[81]

78 Le Corbusier, 1960. „Tapisseries muralnomad", *Zodiac*, 7, S. 57–63.
79 Notiz von Le Corbusier an seinen Assistenten Henry Bruaux, 2. September 1960 (FLC E1(5)148).
80 Das Dorf Vézelay in der Region Bourgogne-Franche-Comté war ein historisch bedeutendes Pilgerziel und ein Ausgangspunkt des Jakobswegs. Im Jahr 1840 leitete Eugène Viollet-le-Duc die Restaurierung der 858 gegründeten Benediktinerabtei, die baufällig geworden war. Die Restaurierungsarbeiten markieren den Beginn des modernen Denkmalschutzes. Badovici erwarb acht Grundstücke in dem historischen Dorf und beabsichtigte, dort eine Künstler- und Schriftstellerkolonie zu gründen. Mit dem Niedergang seiner beruflichen Karriere in Paris verbrachte er immer mehr Zeit dort. Andere, die in Vézelay Häuser kauften, waren die Nobelpreisträger Romain Rolland, Georges Bataille und der Herausgeber der *Cahiers d'Art*, Christian Zervos.
81 Brief Le Corbusiers an seine Mutter, 4. April 1936, Collection Jornod. J.-P. Jornod und N. Jornod, 2005. *Le Corbusier: L'œuvre peint*, a. a. O., S. 153.

ART MURAL (12ᵐᵉ SIÈCLE)   CATHÉDRALE DE TORCELLO

Mosaik aus der Kathe-
drale von Torcello, abge-
bildet in Badovicis Artikel
„Peinture murale ou
peinture spatiale", *L'Architecture d'Aujourd'hui*,
März 1937.

Letztendlich konnte er nur eines der Wandbilder malen, was er am 15. April bestätigte: „Mein Fresko ist fertig – 3 ½ × 2 ½ Meter. Ein Erfolg. Bin froh, diesen Versuch unternommen zu haben."[82] Zwischen dem 30. Oktober und dem 4. November desselben Jahres kehrte er nach Vézelay zurück und filmte Légers Wandbild, allerdings nicht sein eigenes |Abb. S. 50|.

Sein Gemälde |Abb. S. 52| ist an der Wand des Obergeschosses positioniert, es überblickt den von Badovici geschaffenen Raum mit doppelter Deckenhöhe und stellt zwei Akte und eine große Muschel auf einem Tisch dar. Eine Vorskizze enthält ein erotisch-visuelles Wortspiel, das Badovici zugedacht ist |Abb. S. 58|.[83] Häufig bezieht sich Le Corbusier auf Muscheln in sinnlicher Form. In seinem *Poème de l'angle droit* (1955) leitet er den Abschnitt „C4 Chair" mit einer Aktlithographie neben genau derselben Muschel ein, und auf S. 89 schreibt er:

> *Zartheit! Muschel. Nie hat das Meer aufgehört, uns sein fröh-*
> *lich-einmütiges Treibgut an seine Strände zu schleudern.*
> *Sanft massiert die Hand, streichelt die Hand, gleitet die Hand.*
> *Hand und Muschel lieben sich.*[84]

Hier ist einiges im Hinblick auf Vézelay anzumerken: Im Versuch, eine ausgeprägt wandbildliche Kunstform zu schaffen, ist Léger eindeutig weiter gegangen als Le Corbusier, indem er sich ganz auf die ihm zugewiesene Wand einließ und mit abstrakten Formen arbeitete. Sein Wandbild sprengt die feste Oberfläche der Wand und beleuchtet gleichzeitig eine ansonsten dunkle und unansehnliche Ecke. Le Corbusiers Wandbild hingegen ist, obwohl nicht ausdrücklich eine Kopie eines seiner früheren Gemälde, ein eher klassisches „Bild". Zudem ist es Le Corbusier schier unmöglich, über Wandmalerei ohne die Verwendung aggressiver Ausdrucksweisen zu sprechen. Es erfreut ihn, die Mauern „in Angriff" genommen zu haben. Im August 1939 wird er Badovici mitteilen, wie erpicht er darauf ist, die Wände von E1027 zu „besudeln".[85]

Hintergrund dieser angriffslustigen Sprache war eine Diskussion, die Jean Badovici im März 1937 in einem Artikel mit dem Titel „Peinture murale ou peinture spatiale" festhielt.[86] Unter der Überschrift „Die Mauer ist eingestürzt" berichtet Badovici von einem Gespräch mit Léger und Le Corbusier, als stünde er vor der Wand, die Léger im Hof seines Hauses gemalt hatte.

> *„Fernand, ich habe eine lästige Wand vor mir, eine Wand,*
> *die mich wahnsinnig macht: sie ist zu nah, zu hoch; einfach*
> *deprimierend. [...] Nun, hier ist eine echte Aufgabe für Sie als*

82 Brief Le Corbusiers an seine Mutter, 15. April 1936, Collection Jornod, ebd., S. 132.

83 „La vie est dure; la vie est belle" (Das Leben ist hart; das Leben ist schön) (FLC 4579). Dieser Notiz ist eine erotische Skizze zu Le Corbusiers Wandbildentwurf angefügt: FLC 4579. Das Wortspiel reflektiert die Ähnlichkeit zwischen den Wörtern „vie" (Leben) und „vit" (Penis).

84 Le Corbusier, 1955. *Poème de l'angle droit, Lithographies originales [de l'auteur]*, Paris, Tériade (impr. de Mourlot frères), S. 89.

85 Brief Le Corbusiers an Jean Badovici, 3. August 1939 (FLC E1(05)34).

86 Badovici, J., 1937. „Peinture murale ou peinture spatiale", *L'Architecture d'Aujourd'hui*, März 1937, S. 75.

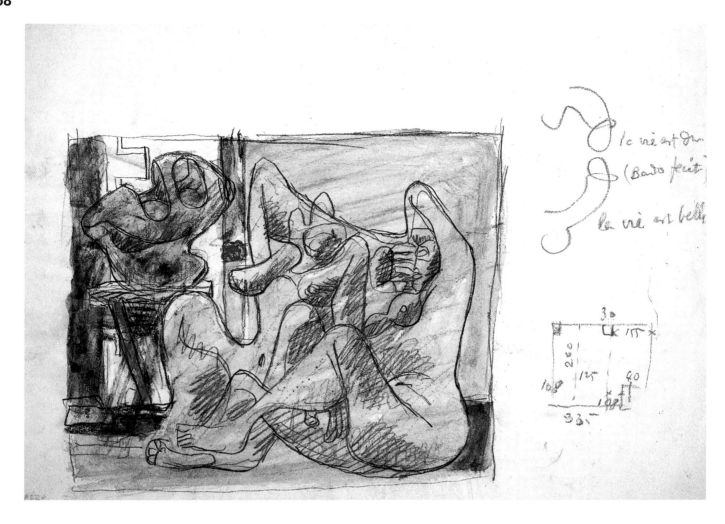

Le Corbusier, vorbereitende Skizze für sein Wandbild in Vézelay. Rechts fügte er ein Badovici zugeschriebenes, erotisches Wortspiel hinzu: „Das Leben ist hart, das Leben ist schön."

> *Maler, nicht die Wand zu dekorieren, sondern sie zu SPREN-GEN, sie durch Malerei zu vernichten, sie verschwinden zu lassen, kurz gesagt, PLATZ um sie herum zu schaffen. [...] In der Architektur von morgen wird das Ihre eigentliche Aufgabe sein." [...] Während wir aber vor dieser Wand standen, erweiterte sich das Gespräch, und – Geistesblitz – uns kam allen eine neue Idee: DIE ZERSTÖRUNG VON WÄNDEN DURCH MALEREI. Um auf diese Weise die Architektur von morgen zu vervollkommnen.*[87]

In ihrer Betonung der räumlichen Wirkung von Farbe ist diese Passage vergleichbar mit Le Corbusiers Äußerungen zu Polychromie. Doch ist die Sprache viel rabiater, und sie ist nun, anstatt kritisch gegenüber dem Sprengen der Mauer zu sein, positiv geworden. Des Weiteren stellte Badovici eine Behauptung auf, die Le Corbusier, der noch immer der Staffeleimalerei verschrieben ist, sicherlich nicht akzeptiert hätte:

> *Die Staffeleimalerei in ihrer jetzigen Form wird liquidiert, und die Malerei wird im Wesentlichen architektonisch. [...] DAS FRESKO WIRD RÄUMLICH SEIN.*[88]

---

87 Ebd.
88 Ebd.

In Anlehnung an Le Corbusiers Diskussionen mit Léger über mittelalterliche Wandmalerei nahm Badovici ein Mosaik aus der Kathedrale von Torcello |Abb. S. 57| in seinen Artikel auf, und er behauptete, dass es Ähnlichkeiten zwischen den abstrakten Formen in Légers Gemälden und mittelalterlichen illuminierten Manuskripten gebe. Mit Bezug auf Le Corbusiers Wandgemälde in seinem Haus nahm Badovici potenzielle Kritik an der Wirkung von Wandgemälden auf Architektur mit einem seltsamen Argument vorweg:

> *Das Wandgemälde befindet sich, obwohl in der Mitte des Hauses, in einem Durchgangsbereich; ES STÖRT IN KEINER WEISE. Das Fresko drängt sich einem nicht auf; um es zu sehen, muss man nach oben schauen.*[89]

Freilich war die Vorstellung einer harmonischen Beziehung zwischen Malerei und Architektur noch lange nicht greifbar. Zu hoffen war lediglich, dass die Malerei die architektonischen Effekte nicht zu sehr beeinträchtigte. Badovici betonte dabei den persönlichen Aspekt des Werks:

> *Le Corbusiers erstes in Burgund ausgeführtes Fresko ist das eines lebendigen Mannes. Es stellt die neue „Heilige Familie" unserer Zeit dar. Die Komposition geht einher mit einer Pfeife, einer Streichholzschachtel, einer Flasche Wein und einer Packung Tabak. Denn Le Corbusier hat ein Gespür für die guten Dinge des Lebens, und er ist ein Genießer von „Atmosphäre".*[90]

Badovici begrüßte dieses Gemälde eindeutig als persönliche Signatur in seinem Heim. Desgleichen war es für ihn ein „Gemälde des Lebens", was in der Terminologie von Léger und anderen Künstlern der Linken politische Konnotationen hatte und eine Opposition zum Formalismus andeutete. Bei einer Debatte im Maison de Culture in Paris mit dem Titel „La querelle du réalisme" (der Realismusstreit) unterstrich Léger die linken Zielvorstellungen der Veranstaltung und plädierte für das politische Engagement von Künstlern.[91] Nach ihm ergriff Le Corbusier das Wort, der in seinem Vortrag unter dem Stichwort „Schicksal der Malerei" eine deutlich formalistischere Linie verfolgte und der „das hohe Lied der plastischen Lyrik" beschwor.[92] Offensichtlich hatte Le Corbusier wenig Interesse daran, seine Wandbilder für politische Zwecke einzusetzen. Für ihn waren es lediglich „Bilder".

Vor dem Hintergrund dieser Debatten und Diskussionen zeichnet sich bereits die Ambivalenz und Widersprüchlichkeit der E1027-Wandbilder in ihrer Gesamtheit ab.

---

89 Ebd.

90 Ebd.

91 Légers Beitrag hieß „Le nouveau réalisme continue" und wurde veröffentlicht in *La querelle du réalisme: deux débats organisés par l'Association des peintres sculpteurs de la Maison de la culture*, 1936, Paris, Éditions sociales internationales – Neuausgabe 1987: Paris, Cercle d'Art.

92 Le Corbusier, 1936. „Destin de la peinture", *in La querelle du réalisme*, 1987, Paris, Cercle d'Art, S. 110–123.

Das Wandgemälde in der Rue Le Bua

1938/39 arbeitete Le Corbusier an der Restaurierung zweier alter Gebäude in der Rue Le Bua im XX. Arrondissement von Paris, wo das Centre de réhabilitation de jeunes chômeurs (Zentrum zur Rehabilitation arbeitsloser Jugendlicher) eingerichtet werden sollte. Es war quasi eine Abteilung des im Januar 1938 von Philippe Serre, dem Unterstaatssekretär der Regierung Blum, gegründeten Zentrums für Arbeitsstudien. Für einen der Höfe des Centre entwarf Le Corbusier ein Wandbild, das der Maler Raoul Simon nach einer Kartonvorlage ausführte.

Im Januar 1940 begann Simon mit der Arbeit an dem Wandgemälde, das sehr wahrscheinlich sechs Monate zuvor entworfen worden war. Es ging auf ein viel älteres, in Le Corbusiers Zürcher Ausstellung vom Januar 1938 aufgenommenes Gemälde zurück: *La nature morte au violon rouge* (Stillleben mit roter Geige) von 1920. Raoul Simon hielt sich getreu an den als Aquarell ausgeführten Kartonentwurf. Einmal mehr bemühte sich Le Corbusier nicht um eine Beziehung zwischen seiner Komposition und dem architektonischen Raum. Das Gemälde dominierte und ließ die Stirnwand „bersten", was Le Corbusier bei einem eher „anspruchslosen" Projekt wohl vertretbar schien.

Foto Wandgemälde in der Rue Le Bua, 1940.

Le Corbusier, Aquarellzeichnung als Vorlage für das Gemälde am Centre de réhabilitation de jeunes chômeurs, Rue Le Bua, Paris, 1939–1940.

I   Zwei Zeichnungen belegen dieses sehr funktionale Projekt (FLC 31838 and 31839).
II Siehe Le Corbusiers Tagebuch (FLC F3(6)5 Folio 59r und 65r).
III „Simon aus Vézelay hat heute begonnen, im Jugendzentrum, das wir in Ménilmontant ausstatten, leuchtende Farben aufzutragen." Brief Le Corbusiers an seine Mutter und seinen Bruder, 4. Januar 1940, in R. Baudoui und A. Dercelles (Hrsg.), 2013. *Correspondance, Bd. II. Lettres à la famille 1926–1946*, Gollion, Infolio éditions, S. 646, Anm. 79.
IV Im Tagebuch (FLC F3(6)5, Folio 60v-64r) als Nummer 4 in der Liste der mit „Zürich Kunsthaus" bezeichneten Gemälde aufgeführt.

MALEN IN DER VILLA E1027

Schenkt man der allgemeinen Geschichtsschreibung Glauben, dann besuchte Le Corbusier in den 1930er-Jahren regelmäßig E1027 (ironisch als „baraque" bezeichnet)[93]. Ein genaues Studium seiner Tagebücher und Korrespondenz belegt jedoch lediglich einen einmaligen Besuch vor 1938. In einem Brief vom März 1937 an Marguerite Tjader-Harris erwähnt er diese Reise, und seine Anwesenheit ist in einem Brief von Pierre Guéguen an Badovici vom 14. April 1937 bestätigt.[94] In seinem Tagebuch sind die Abfahrtzeiten der Züge nach Roquebrune-Cap-Martin vermerkt.[95]

Le Corbusier und Yvonne besuchten an der Côte d'Azur jedoch nicht nur Roquebrune, sondern sie übernachteten mindestens zweimal bei Madame Pégurier, der er den Entwurf einer Villa angeboten hatte.[96] Zwei Briefe an Le Corbusier und Yvonne vom Juli 1928, die an Madame Péguriers Haus in St. Tropez adressiert waren, zeugen von diesen Besuchen.[97] Während dieses Aufenthalts war Le Corbusier beim Schwimmen im Hafen Opfer eines schrecklichen Unfalls. Ein Schnellboot „machte Hackfleisch" aus mir, wie Le Corbusier es ausdrückte. Die Bugspitze des Bootes verursachte einen Schädelbruch, und der Propeller schnitt ihm tief in den Oberschenkel |Abb. S. 74|. Daraufhin verbrachte er dreiunddreißig Tage im Krankenhaus und hielt seine Mutter mit detaillierten Berichten auf dem Laufenden.[98] Hinsichtlich seines Oberschenkels schrieb er der Mutter, die Wunde sei „so lang wie [sein Buch] *La ville radieuse*".[99]

> *Von sechs Uhr abends am Samstag, dem 13., bis fast Mitternacht wurde ich ohne Narkose von den Quacksalbern zerstückelt, zugenäht und mit Hämmern bearbeitet. Immerhin haben sie mir ihr Lob ausgesprochen.*[100]

Dieser Unfall, von Le Corbusier als „das Wunder von St. Tropez" bezeichnet, hinterließ tiefgreifende Spuren bei ihm, sodass er drei Jahre später das Manuskript seines Buches über Urbanismus – *Sur*

Eingang zur Villa E1027, mit von Eileen Gray gestalteten Lampe und Briefkasten und dem Wandgemälde von Le Corbusier.

93 Le Corbusier und Badovici nannten Eileen Grays elegant komponierte Villa etwas frotzelnd „baraque" (frz. ugs. für: Bude). Allerdings hatte „baraque" in Le Corbusiers Wortschatz einen eher privilegierten Status und bezog sich nicht nur auf die von ihm rund um das Bassin d'Arcachon bewunderten, schlichten einheimischen Bauten, sondern auch auf das Sommerhaus bzw. die „Hütte" auf Long Island, wo er und Marguerite Tjader-Harris im November 1935 ihre Affäre hatten. In seinen jahrelangen Briefen an sie fragt er nach der „baraque" und spielt damit weniger auf das Haus an, sondern auf ihre dort stattgefundene Romanze.

94 FLC E3(10)28 und Getty Research Institute, 880412, Ablage 6.

95 (FLC F3(6)4 Folios 9v und 10r.

96 Le Corbusier erwähnt diese Besuche in einem Brief an Herrn Steele, 13. Mai 1937 (FLC I1(1)133).

97 Siehe R. Baudoui und A. Dercelles (Hrsg.), 2013. *Correspondance. Lettres à la famille*, a. a. O., S. 582. Der Brief von Herrn G. Pellerson vom 19. Juli 1928 wurde an die Adresse von Madame Pégurier, St. Tropez, weitergeleitet.

98 23. August (FLC R2(1)263) und 21. September 1938 (FLC R2(1)264).

99 FLC R2(1)263.

100 Ebd.

les quatre routes – mit einer detaillierten Beschreibung des Ereignisses einleitete.[101] Darin schilderte er, wie ihn die überwältigende Erfahrung des Unfalls und seines Leidens während der Operation verändert hatte:

> *Von einem Moment zum anderen findet er sich auf einer ganz anderen Ebene wieder. Die Landschaft ist neu, mit unbekannten Perspektiven [...] wie für jemanden, der sich von einer Klippe, einem Turm oder einem Pier stürzt, bevor er auf den harten Boden oder ins tiefe Wasser aufschlägt. Ein Überwechseln zu einer anderen Seite des Lebens. Der Mensch sieht sich seinem Schicksal ausgesetzt.[102]*

Dieser Unfall, dazu das Gefühl, von seinen Mitarbeitern hintergangen zu sein, und die Beklemmung angesichts eines bevorstehenden Krieges hatten Le Corbusier arg aus dem seelischen Gleichgewicht gebracht.

Eileen Gray, Fotografie des Wohnzimmers in E1027, 1929.

Wohnzimmer in E1027 nach der Restaurierung 2010 durch Pierre-Antoine Gatier, vor dem Einbau einer Klappblende zum Verdecken von Le Corbusiers Wandgemälde.

Die ersten beiden Wandgemälde

Nachdem Le Corbusier zehn Tagen in Algier verbracht hatte, schloss er sich am 26. April 1938 Yvonne und Badovici in E1027 an. Auf dessen Einladung versah er zwei Wände der Villa E1027 mit Gemälden. Sie war nun allein Badovicis Haus, nachdem Eileen Gray 1932 ausgezogen war.[103] Eines der Bilder befand sich an der Wand zwischen Wohnzimmer und Duschbad. Das andere – als *Sgraffitte* bezeichnet – befindet sich an der Wand unterhalb der Pilotis |Abb. S. 73|. Beide Arbeiten sind das Resultat sehr vieler Skizzen und Bildentwürfe. An seine Mutter schrieb er:

101 FLC B3(12)242 ff. Der Herausgeber des Buches, Jean Paulhan, nahm diese Passage heraus, aber Le Corbusier versuchte später, sie wieder einzufügen. Siehe Guillemette Morel Journel, 2010. *Le Corbusier, l'écrivain: arpenter sur les 4 routes* (Dissertation unter der Leitung von Prof. Jean-Louis Cohen, Paris, EHESS, 17. Dezember 2010).

102 Ebd.

103 Badovici kaufte das Grundstück für das Haus am 26. März 1926 für 33.000 Francs (Conservatoire des hypothèques de Nice, 2e Bureau, Urkunde Nr. 67, Bd. 140, Nr. 86). Das Haus lief von Anbeginn auf seinen Namen.

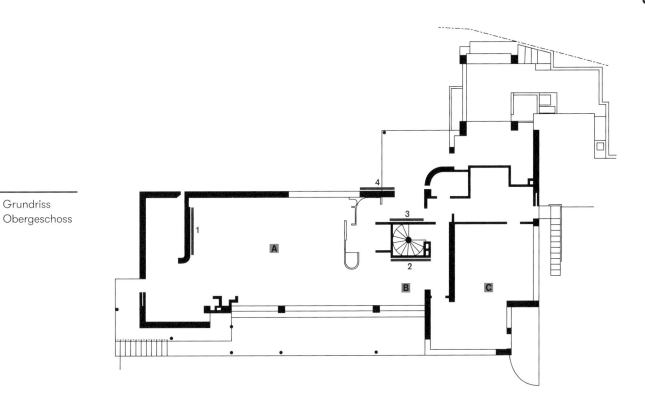

Grundriss
Obergeschoss

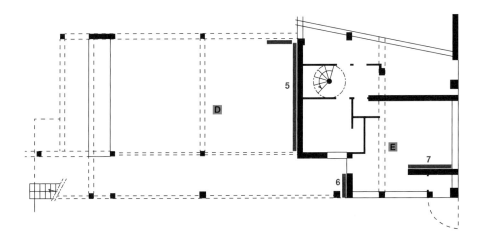

Grundriss
Erdgeschoss

A Wohnzimmer	**1** Wandgemälde im Wohnzimmer, April 1938	**5** *Sgraffitte*-Wandbild, April 1938
B Essbereich und Bar	**2** Wandgemälde in der Bar, August 1939	**6** Wandgemälde am Eingang zum Gäste-zimmer, August 1939 (nicht mehr vorhanden)
C Hauptschlafzimmer	**3** Wandgemälde im Eingangsbereich, August 1939	**7** Wandgemälde im Gästezimmer, August 1939
D Bereich unter den Pilotis	**4** Wandgemälde rechts vom Eingang, August 1939 (nicht mehr vorhanden)	
E Gästezimmer		

Le Corbusier, *Figure à
la porte jaune* (Figur an
gelber Tür), 1937.

Le Corbusier, Skizze
für *Arbre, nu et cordage*
(Baum, Akt und Seil),
Le Piquey, ca. 1932–1933.

Le Corbusier, Skizze für
*Figure devant une porte
blanche* (Figur vor einer
weißen Tür), ca. 1937.

> *Bei Bado, fünf Tage in seinem herrlichen Haus, damit beschäftigt, zwei Wandbilder zu malen, läuft hervorragend und ist ein großer Fortschritt für mich. Denk bloß nicht, ich kehre zu anmutigen jungen Frauen zurück, die an einem Balkon lehnen. Das ist wohl kaum der richtige Moment dafür.*[104]

Am 28. April, wahrscheinlich nachdem er eines oder beide seiner Gemälde fertiggestellt hatte, schrieb er Eileen Gray einen Brief.

> Chère Mademoiselle, *ich habe es außerordentlich bedauert, zu spät dran gewesen zu sein, um noch etwas Zeit mit Ihnen verbringen zu können. Meine Frau berichtet, Sie hätten uns unter anderem mit gastronomischen Genüssen überhäufen wollen. Das habe ich leider verpasst, vor allem aber Ihre Gesellschaft. Daher hoffe ich, dass Sie uns das Vergnügen bereiten, uns in Paris zu besuchen. Ich möchte Ihnen so gerne erzählen, wie sehr ich mich in diesen wenigen Tagen in Ihrem Haus der feinen Sensibilität erfreuen konnte, die innen wie außen alle Details durchdringt und die den modernen Möbeln – der Ausstattung – eine so würdevolle, charmante und intelligente Qualität verleiht. Am Sonntag kehren wir nach Paris zurück und hoffen, Sie bald dort zu sehen. Viele Grüße meinerseits und von meiner Frau.*[105]

Die dezente Förmlichkeit dieses Briefes – so ganz anders als die von ihm an Frauen gerichtete Briefe – lässt darauf schließen, Le Corbusier habe Eileen Gray entweder nicht gut oder überhaupt nicht gekannt.[106] Sehr wahrscheinlich schrieb er ihr nach der Fertigstellung eines oder beider Wandgemälde, veranlasst durch einen nervösen Badovici, der Grays Reaktion fürchtete. Tatsächlich schien sie nichts von den Wandmalereien gewusst zu haben, bis Le Corbusier sie 1948 veröffentlichte. Und er bezeichnete E1027 als „Ihr Haus". In Badovicis Korrespondenz gibt es keine Hinweise auf Gray, aber offenbar hat er Le Corbusier von deren wichtiger Rolle bei der Gestaltung des Hauses erzählt.

Mit diesen Wandmalereien widersprach Le Corbusier all seinen seit den 1920er-Jahren vertretenen Argumenten. Offenbar hatte er Légers Kritik an den Bébé-Cadum-Plakaten angenommen: visuelle Tiefe in einem Gemälde zu nutzen, um ein Loch in der Wand zu erzeugen. Anstatt auf dem Recht des Architekten zu bestehen, seine Wände sprechen zu lassen, scheint er Légers und Badovicis Position übernommen zu haben, „sie zu SPRENGEN, mit Malerei zu zerstören, verschwinden zu lassen, kurz gesagt, etwas PLATZ um sie herum zu schaffen."[107] In *New World of Space* von 1948 versuchte er diese Position zu verdeutlichen.

---

104 Brief Le Corbusiers an seine Mutter, 8. Mai 1938 (FLC R2(1)248).

105 Brief Le Corbusiers an Eileen Gray, 28. April 1938 (FLC E2(3)478).

106 Mir ist kein anderer Brief von Le Corbusier an eine Frau mit der Anrede „Chère Mademoiselle" bekannt. Überraschend ist auch, dass er Yvonne als „meine Frau" bezeichnete. Siehe auch T. Benton, 2017. „E-1027 and the Drôle de Guerre", *AA files*, 74, S. 123–154.

107 Badovici, J., 1937. „Peinture murale ou peinture spatiale", a. a. O.

> *Die Gemälde haben an beengten Stellen Platz geschaffen:*
> *am Eingang, auf der Veranda und an der Bar.*[108]

Verallgemeinert nimmt er die Rolle des Künstlers ein gegenüber der des Architekten, genauer gesagt: er eröffnet einen Dialog:

> *Wenn man einem Künstler die Tür öffnet, muss man ihn auch*
> *zu Wort kommen lassen. Wenn er spricht, hört man zu. [...]*
> *Darin besteht die Gefahr, sich die Wände bemalen zu las-*
> *sen.*[109]

Das Wandbild im Wohnzimmer ist eine umgekehrte Version der vier Monate zuvor in Zürich ausgestellten Gemälde *Figure à la porte jaune* (Figur an gelber Tür) |Abb. S. 66| sowie *Figure devant une porte blanche* (Figur vor einer weißen Tür) |Abb. S. 66|. Diese Arbeiten wiederum waren selbst das Ergebnis einer Reihe von Studien, die einen Akt mit einem Baum in Verbindung brachten |Abb. S. 69|, der im Hof des Vidal-Hauses stand, wo Le Corbusier und Yvonne in Le Petit Piquey am Bassin d'Arcachon übernachteten. Ein auf diesen Gemälden kaum erkennbares Merkmal dieses Baumes war ein gro-ßer Knoten, den Le Corbusier mit einer weiblichen Brust assoziierte. Der nach hinten geneigte Kopf der Frau ist mit einem Haarnetz ver-sehen, wie es Yvonne oft trug.

Aus irgendeinem Grund verband Le Corbusier dieses Gemälde im Wohnzimmer |Abb. S. 98| mit Delacroix' *Dante et Virgile aux enfers* (Dante und Vergil in der Hölle) im Louvre. Es ist vielleicht das am wenigsten gelungene von Le Corbusiers Wandbildern, und es ist in-teressanterweise das einzige seiner Gemälde, das er später nicht ver-öffentlicht hat. Seine grellen Farben und die grobe Komposition machen es schwer, dieses Werk – im Vergleich zu den anderen – in seinem Kontext zu verteidigen. Ausgeführt wurde es mithilfe von drei oder vier Töpfen zusammengemischter Ripolin-Emaillefarbe, die mit Benzin verdünnt war. Le Corbusier hatte damals keine Öl-farben zur Verfügung, die er in den späteren Wandgemälden zur

Madame Vidal und Yvonne im Hof von Haus Vidal, Le Piquey, ca. 1930.

Le Corbusier, Foto-aufnahme des Baumes im Hof von Haus Vidal, Le Piquey, September 1936.

---

108 Le Corbusier, 1948. *New World of Space*, a. a. O., S. 99.

109 Le Corbusier, 1948. „Unité", *L'Architecture d'Aujourd'hui*, 19, S. 49, zitiert in C. Constant, 2000. *Eileen Gray*, London, Phaidon, S. 202.

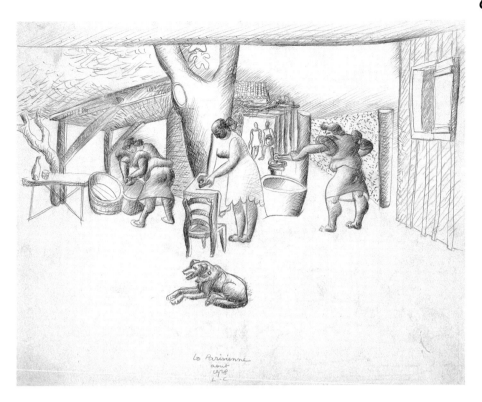

Le Corbusier, Zeichnung des Baumes im Hof von Haus Vidal, mit weiblichem Akt, ca. 1932–1933.

Le Corbusier, La Parisienne (Yvonne im Hof von Haus Vidal), August 1928.

Le Corbusier, Zeichnung des Hofs von Haus Vidal, 1932.

Farbabstimmung verwendete.[110] Im Jahr 2018 entschied man sich, das Gemälde hinter einer Klappblende zu verbergen, um das feinsinnige Farbschema Grays beizubehalten |Abb. S. 18–19, 64|.

|Abb. S. 18–19, 64|

Le Corbusier, Gouache-Skizze für *Trois personnages* (Drei Figuren), 1937.

Le Corbusier, Skizze eines weiblichen Akts, 1937.

Die *Sgraffitte* unter den Pilotis

Im Untergeschoss unterhalb der Pilotis skizzierte Le Corbusier eine monochrome lineare Komposition mit drei Frauen. Wenngleich Le Corbusier und Badovici sie nach dem italienischen Begriff *sgraffitto* im Französischen als *sgraffitte* bezeichneten, wurde es nicht in die Wand eingeritzt, sondern direkt auf die raue, mit Zement verputzte Fläche gezeichnet und mit schwarzer Ripolin-Farbe nachgezogen. Etwas Verwirrung entstand durch die 1978 angefertigte Kopie des lokalen Künstlers Jean Broniarski, die auf einer verputzten Wand entstanden war, die man vor der ursprünglichen errichtet hatte. Mithilfe einer Diaprojektion hatte er eine Grobkopie nachgezeichnet und diese tatsächlich in den weichen Gips eingeritzt. Auf ebendieser Kopie hatte ein Hausbesetzer später die Hakenkreuzform auf der rechten Figur hervorgehoben, die dann von Beatriz Colomina und anderen diskutiert wurde.[111]

Eine Vielzahl derartiger Kompositionen liegen diesem Bild zugrunde, in denen Le Corbusier versuchte, zwei oder mehr sich oftmals überlappende weibliche Akte zu kombinieren, deren durchgängiges Thema Le Corbusiers Frauenideal war, das er mit *tendresse* (Zärtlichkeit) umschrieb. In seinem Buch mit Lithographien *Poème de l'angle droit* (1955) beginnt der Abschnitt „C5 Chair", der besonderen

---

110 Siehe die Analyse Marie-Odile Huberts, die die Gemälde restaurierte: M.-O. Hubert, 2015. „La restauration des peintures", in T. Benton und M. Bougot, 2015, 2. Ausgabe 2021. *Le Corbusier Peintre à Cap-Martin*, Paris, Éditions du patrimoine, S. 116–119.

111 Siehe B. Colomina, 1993. „War on Architecture: E.1027 – House Designed by Eileen Gray at Cap Martin", *Assemblage*, 20, April, S. 28–29. In diesem Aufsatz, der mehrfach nachgedruckt wurde, legt Colomina nahe, dass Le Corbusiers Eingriff in das Haus ein persönlicher Angriff auf Eileen Gray war und die koloniale sexuelle Unterdrückung der Frauen in Algier reproduzierte. Diese wichtige Publikation wird diskutiert in T. Benton, 2017. „E-1027 and the Drôle de Guerre", a. a. O.

Le Corbusier, Aquarell-skizze einer Frau mit Buch, ca. 1936.

Schwerpunkt auf die sinnlichen Freuden des Berührens legt, mit dem Wort „Tendresse!": Weibliche Formen verschmelzen hier mit Muscheln und anderen Naturgebilden.[112] Zur Linken wird das *Sgraffitte*-Wandbild von einem Umriss flankiert, der die grauen und weißen Kiesel des nahe gelegenen Strandes evoziert und der Le Corbusiers Suche nach sinnlicher Form in natürlichen Objekten entspricht. Das Überlappen der Umrisse leitet sich aus dem Konzept der Konturenverschmelzung ab, das bereits eine Grundidee in den puristischen Gemälden Jeannerets und Ozenfants der 1920er-Jahre gewesen war. Dementsprechend fügen sich die Umrisse der drei Figuren zu einer Arabeske aus Linien. Obwohl sinnlich in der Form, strahlt dieses Werk eine Ruhe aus, die kaum als „erotisch" zu bezeichnen ist.

In Beatriz Colominas Ausführungen ist dieses Wandgemälde als direkter Angriff auf Eileen Gray und ihre Sexualität zu verstehen. Auch behauptet sie, die Komposition sei auf eine Reihe von Aktzeichnungen algerischer Prostituierter zurückzuführen, die Le Corbusier in den 1930er-Jahren angefertigt haben soll.[113] Ihr zufolge reproduzierte er die Kolonisierung des algerischen „Anderen" als Kolonisierung und Vergewaltigung von Eileen Gray. Abgesehen von der Tatsache, dass Le Corbusier Gray zu jenem Zeitpunkt kaum kannte, ließ und lässt sich die Existenz solcher Zeichnungen nicht nachweisen. Zwar war er mit Badovici und dessen Geliebter Madeleine Goisot bekannt, die 1938 und 1939 zugegen und sowohl mit Le Corbusier als auch Yvonne eng befreundet war. Colomina stützt ihre Argumentation auf den Artikel eines obskuren ägyptischen Künstlers namens Samir Rafi; dieser Artikel jedoch enthält viele Fehler und muss mit äußerster Skepsis behandelt werden. Angeblich hat Rafi häufig Interviews mit Le Corbusier geführt, für die es ebenfalls keine Nachweise gibt. Die von ihm abgebildeten Zeichnungen, die er als die einzig erhaltenen Skizzen algerischer Frauen von Le Corbusier vorstellt, wurden mittlerweile eindeutig als von Rafi selbst angefertigte Fälschungen erkannt, in die er Motive aus den Wandgemälden in E1027 integrierte.[114] Wie bereits erwähnt, sind Le Corbusiers Wandgemälde in E1027 nicht aus moralischen Gründen zu verteidigen, aber mit Eileen Gray haben sie wenig oder gar nichts zu tun.

Die Quelle für das Wandbild ist das Gemälde *Trois personnages* (Drei Figuren) von 1937.[115] Eine farbige Vorskizze |Abb. S. 70 links| zeigt den Aufbau des Gemäldes und Le Corbusier fertigte außerdem in Le

112 Le Corbusier, 1955. *Poème de l'angle droit*, a. a. O.

113 Colomina, B., 1993. „War on Architecture: E.1027 – House Designed by Eileen Gray at Cap Martin", a. a. O. Colomina stützt ihre Untersuchung auf S. von Moos, 1987. „Les femmes d'Alger", in D. Pauly (Hrsg.), *Le Corbusier et la Méditerranée*, Marseille, Éditions Parenthèses, S. 191–209.

114 Rafi, S., 1968. „Le Corbusier et les femmes d'Alger", *Revue d'histoire et de la civilisation du Maghreb*, S. 50–66. Siehe T. Benton, 2017. „E-1027 and the Drôle de Guerre", a. a. O. Rafi behauptete ebenfalls, Le Corbusier habe Hunderte von Pauspapierzeichnungen auf der Grundlage von Delacroix' *Femmes d'Alger* angefertigt, die eine Quelle für das Wandbild seien. Auch hier existieren keine dieser Zeichnungen und die Ähnlichkeiten sind nicht offensichtlich.

115 FLC 1196. Die Zeichnungen FLC 3067, 1403, 494, 348, 142, 6152, 1430 und 1196 behandeln alle ein ähnliches Thema und stammen aus den Jahren 1934–1938.

Piquey am Bassin d'Arcachon einige weitere Studien dafür an. Auf zwei der Vorzeichnungen zu diesem Gemälde |Abb. S. 70 rechts|[116] ist das Holzdach des Vidal-Hauses in Le Piquey zu erkennen, wo Le Corbusier übernachtete |Abb. S. 69 unten rechts|. Da die Vorskizzen in Le Piquey entstanden sind, legt diese Tatsache nahe, Le Corbusier habe Badovici eher nicht im Sinn gehabt, geschweige denn Eileen Gray.

Trotz des weiblichen Aussehens der drei Gestalten im *Sgraffitte* könnte es sich bei der Figur rechts um einen Mann handeln. So wirkt die auffallende Zweideutigkeit von Daumen einer Hand bzw. Penis in den *Sgrafitte* |Abb. S. 73 oben| wie ein visuelles „Wortspiel". Marie-Louise Schelbert, die E1027 nach Jean Badovicis Tod im Jahr 1960 kaufte, sagte gern, das Gemälde stelle Badovici, Eileen Gray und das Kind dar, das sie nie hatten. Obwohl sie weder Badovici noch Gray je kennengelernt hatte, könnte Le Corbusier ihr durchaus etwas Entsprechendes erzählt haben, so unwahrscheinlich es auch scheinen mag. Andererseits zeigen eine Skizze in einem Notizbuch Le Corbusiers (Skizzenbuch B6) und eine Aquarellzeichnung |Abb. S. 71| eindeutig eine Frau in dieser Haltung und weisen auch auf den Ursprung dessen hin, was Colomina für ein Hakenkreuz in Form eines Buches hält.

Mit seiner Schmalfilmkamera dokumentierte Le Corbusier wenige Tage nach Fertigstellung sein Wandgemälde mit 127 Fotos.[117] Die Aufnahmen veranschaulichen die raue Oberfläche der zementverputzten Wand und zeigen auch Spuren der freihändig auf die Wand gezeichneten Kohlelinien. Sie geben seltenen Einblick in seine künstlerischen und kompositorischen Schwerpunkte. Beispielsweise lenkt eines der Fotos die Aufmerksamkeit auf die Beziehung zwischen dem Kopf der Frau zur Linken und dem Umriss des Kieselsteins an der linken Wand.

Die Bilder vom August 1939

Am 3. August 1939 schrieb Le Corbusier an Badovici und kündigte an, dass er und Yvonne ihn gerne in Roquebrune besuchen würden. Er fuhr fort: „Ich habe ein wildes Verlangen, Ihre Wände zu besudeln: Zehn Kompositionen sind fertig – genug, um alles zuzuschmieren."[118] Daraus gingen fünf Wandmalereien hervor, von denen zwei Außenwandgemälde mittlerweile verloren sind. Ein Tagebucheintrag Le Corbusiers: „Cap-Martin: Badovici schuldet mir: Farben 81 + 17 + 38,50: Darlehen 1.000, Verpflegung 500 + 200 + 100."[119] Offensichtlich war Le Corbusier der Ansicht, Badovici solle für seine

---

116 FLC 1403 und 3067.
117 Benton, T., 2013. *LCFoto: Le Corbusier: Secret Photographer*, Baden, London, Lars Müller, S. 398–399.
118 FLC E1(05)34.
119 FLC F3(6)5 Folio 67r.

Le Corbusier, Fotografie des *Sgraffitte*-Wandbildes in E1027, Aufnahme mit seiner Schmalfilmkamera, Mai 1938.

Le Corbusiers *Sgraffitte* in E1027, 1938.

Le Corbusier, Stillleben (zerstört), rechts neben dem Haupteingang von E1027, 1939.

Le Corbusier beim Skizzieren der Unterzeichnung des Stilllebens.

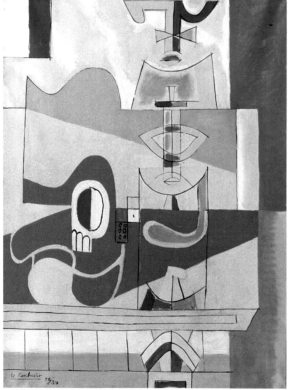

Le Corbusier, vorbereitende Skizze für das Stillleben am Eingang von E1027, 1939, datiert „Vézelay 39" |oben links| .

Le Corbusier beim Malen des Wandgemäldes neben der Tür zum Gästezimmer (zerstört). Sichtbar hier die Narbe am Oberschenkel, verursacht durch den Bootsunfall im August 1938 |oben rechts|.

Le Corbusier, *Totem* (Totem), datiert „26-39" |unten links|.

Le Corbusier, *Nature morte Vézelay* (Stillleben Vézelay), 1939, datiert „Vézelay 39" |unten rechts|.

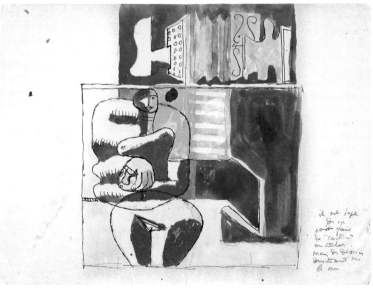

Das Wandbild am Eingang |oben links|.

Le Corbusier, Studie für das Wandbild am Eingang, 1939 |unten links|.

Le Corbusier, *Femme rouge et pelote verte* (Rote Frau mit grünem Wollknäuel), 1932 |oben rechts|.

Le Corbusier, *Nature morte au livre et au coquetier* (Stillleben mit Buch und Eierbecher), 1928 |unten rechts|.

Le Corbusier, Yvonne und
Jean Badovici, August
1939, vor dem Eingang zur
Villa E1027 mit dem
Wandbild.

Materialkosten sowie drei Wochen Unterhalt aufkommen. Der Unmut darüber, als Künstler ohne Bezahlung durch seinen Auftraggeber zu arbeiten, zog auch nach dem Krieg weitere Verstimmung nach sich. Am 25. August 1939 schrieb Le Corbusier seiner Mutter:

> *Habe 14 Tage lang mit Begeisterung an großen Gemälden gearbeitet, bei „schwankendem" Barometer, also gewittrig, aufgeladen und heiß: schlicht erdrückend. Aber ich hatte ausreichend Kraftreserven, und nun ist dieses Haus hier, etwa so groß wie „Le Lac" [das Haus seiner Mutter], beseelt von kraftvollen und explosiven Gemälden, von denen einige gut zehn Quadratmeter einnehmen. [...] Dieses außerordentliche Haus ist, ob Tag oder Nacht, einfach herrlich gelegen.*[120]

Das Wandbild rechts vom Eingang

In den 1930er-Jahren gehen Le Corbusiers Gemälde häufig auf Kompositionen seiner Purismusperiode (1920–1926) zurück. Entsprechend finden sich die Ursprünge des Wandbildes rechts vom Eingang |Abb. S. 76| in zwei Stillleben von 1926 wieder, *Bouteille et livre (rose)* (Flasche und Buch (rosa)) und *Table bouteille et livre* (Tisch, Flasche und Buch), sowie in *Nature morte aux deux bouteilles* (Stillleben mit zwei Flaschen) von 1928.[121] 1939 nahm er in zwei Gemälden dieses Thema wiederum auf, *Deux bouteilles et coquetier* (Zwei Flaschen mit Eierbecher) und *Totem* (Totem) |Abb. S. 74|, die er auf „26–39" datierte.[122] Eine dem Wandbild ähnliche Skizze ist mit der Anmerkung „Vézelay 1939" |Abb. S. 74| versehen und scheint nach seinem Aufenthalt in Roquebrune angefertigt worden zu sein. Das Gemälde *Totem* kehrt die Komposition um und macht sie flacher und abstrakter. Es existieren mehrere Fotos von Le Corbusier bei seiner Arbeit im August 1939, wahrscheinlich von Madeleine Goisot aufgenommen; u. a. sieht man ihn freihändig an der Wand skizzieren, wobei er anscheinend eine kleine Skizze in seiner linken Hand zu Rate zieht. Um 1949 frischte Le Corbusier das durch Witterung in Mitleidenschaft gezogene Fresko wieder auf. Es verschwand schließlich vollständig, bevor er 1962 seine Gemälde abschließend restaurierte.

Das Stillleben rechts vom Eingang
zum Gästezimmer

Auch hier stellt Le Corbusier einen Bezug zu einer Komposition von 1926 her, *Nature morte à l'accordéon* (Stillleben mit Akkordeon), die wiederum in einem Gemälde von 1928, *Nature morte au livre et au*

---

120 FLC R(2)142.
121 FLC 143, 326 und 338.
122 FLC 153 und 236.

coquetier (Stillleben mit Buch und Eierbecher) |Abb. S. 75 und 119|, überarbeitet worden war.[123] Das Wandbild ist eine umgekehrte Version dieser ursprünglichen Anordnung, in die Länge gestreckt und nach oben abgeschnitten, um es der schmalen Wand neben der Tür anzupassen. Nach seinem Aufenthalt in E1027 befasste er sich erneut mit diesem Thema in Vézelay und produzierte eine Leinwand mit der Aufschrift *Nature morte Vézelay* (Stillleben Vézelay), 1939 |Abb. S. 74|.[124] Die beiden Stillleben-Fresken haben ihn wohl durchaus zufriedengestellt, da er sie in Gemälde für Ausstellungszwecke abwandelte, und sie zeigen einen kontinuierlichen Abstraktionsprozess seiner ursprünglich puristischen Werke. Le Corbusier ließ sich vor dem Wandgemälde neben der Tür zum Gästezimmer nackt mit Farbtopf in der Hand fotografieren |Abb. S. 74|.[125] Unter anderem wurde das viel beachtete Foto so ausgelegt, als würde es Le Corbusiers sexuelle Dominanz über das Haus und seinen Architekten herausstellen. Wahrscheinlicher war wohl, dass das Motiv für die Aufnahme die Narbe von seinem schweren Unfall in St. Tropez im August 1938 zeigen sollte, als er bei dem Zusammenstoß mit einem Motorboot eine Schädelfraktur und eine tiefe Schnittwunde am Oberschenkel erlitt. Und es war auch zu jener Zeit, wie er seiner Mutter schrieb, ausgesprochen heiß gewesen.

Das Wandbild im Eingangsbereich

Das farbenfrohe Wandbild im Eingang des Hauses entstand nach dem Gemälde *Femme rouge et pelote verte* (Rote Frau mit grünem Wollknäuel) |Abb. S. 75| von 1932.[126] Gegenstand des Bildes ist eindeutig Yvonne, die gerne strickte und häkelte; zu dem Zeitpunkt war die Ehe der beiden gerade einmal zwei Jahre alt. Der weiße Fensterladen und das grüne schmiedeeiserne Geländer deuten auf eine mediterrane Lage hin, doch möglicherweise erinnert die Szene auch an die dem 28. Juli 1932 folgenden Wochen in Le Piquey.[127] Diese Details verschwinden fast in der Skizze für das Wandbild und werden durch ein stilisiertes Akkordeon entlang der Oberseite ersetzt. Yvonne liebte Akkordeonmusik.

Auf der Skizze notierte Le Corbusier mit Bleistift: „Es empfiehlt sich, keinen Kartonentwurf im Atelier zu machen, sondern direkt auf die Wand zu zeichnen.“[128] Da diese Wandbilder sich an bereits vorhandenen Gemälden auf Leinwand orientierten, erscheint dieser Ver-

123 FLC 328 und 339.

124 FLC 154.

125 Dass das Foto 1939 aufgenommen wurde, erklärt sich durch den dunklen Fensterladen auf der linken Seite, der 1949 weiß übermalt war. Dank an Renaud Barrès, der diese Beobachtung bestätigt hat.

126 FLC 103.

127 In einem Brief an seine Mutter schreibt Le Corbusier am 30. Juli 1932, er sei ständig am Zeichnen (FLC R2(1)175).

128 FLC 4476.

merk etwas fehl am Platz, doch anscheinend hat Le Corbusier direkt auf die Wand gezeichnet und Skizzen als allgemeine Inspiration benutzt. Während die meisten der Wandgemälde im Vergleich zu den sie inspirierenden Gemälden spiegelverkehrt sind, ist das bei dieser Skizze jedoch nicht der Fall. Sicherlich hat er nie mithilfe von Diaprojektionen reproduziert, aber er hat detaillierte Kartonentwürfe für Wandteppiche und -gemälde wie etwa für das Rehabilitationszentrum in der Rue Le Bua in Paris angefertigt, die von Raoul Simon auszuführen waren.

In das Wandbild integrierte Le Corbusier die von Eileen Gray in die Wand schablonierten Beschriftungen: *Interdit* (Kein Zutritt) beim Diensteingang links und *Entrez lentement* (Langsam eintreten) bei der Haustür rechts. Letztere ist eine von mehreren, mit der sie den oftmals überschwänglichen Badovici zu dezenterem Verhalten zu motivieren scheint. Hier, an der Nordseite des Hauses neben der Küche, aßen Badovici und seine Gäste in den Sommermonaten. Eines der Fotos mit Madeleine Goisot, Badovici, Le Corbusier und Yvonne wurde später koloriert, möglicherweise von Yvonne selbst. Le Corbusier reklamierte später, dies sei eine der „unschönen Wände des Hauses", die er mit seinen Gemälden aufgehellt habe, „um Platz an beengten Stellen zu schaffen".[129] Daran ist ein Körnchen Wahrheit, aber es ist interessant, dass Badovici in seinem groben Entwurf der Beschreibung des Hauses, 1929 in *L'Architecture Vivante* veröffentlicht, die Bedeutung der kahlen Wand im Eingang hervorhebt:

> *Ein großer überdachter Bereich, eine Art Atrium, breit und einladend, keine dieser kleinen Türen, mit direktem Zutritt ins Wohnzimmer. Direkt gegenüber – hier der wesentliche Aspekt – ist* eine kahle Wand, *zur Verfeinerung der Gesamtkonzeption, die dem Besucher eine gewisse Reserviertheit suggeriert. Dies bietet eine formal zufriedenstellende Lösung, in der die große Wand die Türen verbirgt: rechts der Haupteingang, links der Diensteingang.*[130]

Es ist nur schwer zu verstehen, wie Badovici, nachdem er dies geschrieben hatte, Le Corbusier dazu ermutigt haben könnte, die Wand zu bemalen.

Eileen Gray war besonders an der Vorstellung von „Reserviertheit" gelegen.[131] In einem unveröffentlichten Text beschreibt sie die Bedeutung einer Wand als Unterbrechung der Bewegung vor dem eigentlichen Betreten einer Kunstgalerie, bis dann eine vollständige Ansicht der ausgestellten Objekte möglich wird.

---

129 Le Corbusier, 1948. *New World of Space*, New York, Reynal & Hitchcock, S. 99.

130 Badovicis Manuskript befindet sich im Archiv des Getty Research Institute, 880412, Ablage 2, Kopie 1. Für eine englischsprachige Transkription und Einführung siehe J. Badovici und T. Benton, „Description of E-1027", W86th, 28, 1, Frühjahr–Sommer 2021, S. 96–131.

131 Benton, T., 2020. „Penetrating the Interior: Instinct, Fear and Pleasure", in I. Lehkoživová und J. Ockman (Hrsg.), *Book for Mary: Sixty on Seventy*, Brno, Quatro Print, S. 28–35.

Vorbereitende Aquarell-skizze von Le Corbusier für das Gemälde im Gäste-zimmer mit dem in Eileen Grays Schreibtisch hinein-gemalten unteren Teil.

Fotografie des Wandge-mäldes *Composition avec figure et os* (Composition with figure and bone), 1938, mit dem von Gray entwor-fenen Schreibtisch, 1949.

Von Le Corbusier aufgenommene Film-sequenz eines Fleischer-knochens, 1936.

Le Corbusier beim Malen des Wandbildes im Gäste-zimmer, August 1939, wahrscheinlich aufge-nommen von Madeleine Goisot.

Wandbild im Gäste-
zimmer nach der Restau-
rierung von Eileen Grays
Schreibtisch.

Le Corbusier, Wandbild
in der Bar, 1939.

> *Ohne tatsächlich den Anschein von Reserviertheit zu ge-*
> *ben, steigert dieses kurze Pausieren die Freude am Eintreten;*
> *leitet einen Übergang ein; bewahrt das Mysterium der zu be-*
> *trachtenden Dinge; hält das Vergnügen im Zaum.*[132]

Obwohl es sich um eine erstaunliche und in vielerlei Hinsicht gelun-
gene Wandmalerei handelt, kann man sich des Eindrucks kaum er-
wehren, Le Corbusier habe dem Haus seine persönliche Note verleihen wollen.

Das Wandbild im Gästezimmer

Dieses recht dominante Wandbild basiert auf dem Gemälde *Masque
et pigne de pin* (Maske und Tannenzapfen), 1930. Bisweilen sammel-
te Le Corbusier Tannenzapfen in den Wäldern der Sanddünen am
Bassin d'Arcachon, aber auch Treibholz vom Strand sowie Steine
und Muscheln. Er schätzte sie als *„objets à réaction poétique"* (Objekte zur poetischen Anregung). Noch immer in der Sammlung der Fondation Le Corbusier existent, wurden sie Besuchern und Journalis-
ten als seine „Sondersammlung" vorgeführt. Eine weitere organische

---

132 National Museum of Ireland, Dublin, Eileen Gray Archive, 2003–04.

Le Corbusier, Skizze
einer tanzenden Frau im
Kino Baron, Le Piquey,
25. August 1932.

Form in diesem Ölgemälde war ein Metzgerknochen, der in vielen seiner Werke erscheint.[133] Mit seiner Filmkamera dokumentierte er sogar einen Knochen im Juni 1936 |Abb. S. 80|. Der Tannenzapfen ist auf dem Wandgemälde verschwunden und die Maske durch einen Kieselstein ersetzt, den der Künstler am Strand in der Nähe aufgelesen hatte. In der Form dieses Kiesels mit seinen weißen Linien sah er die Form eines Kopfes, den oberen Teil einer roten Gestalt bildend, die sich hinter dem von Eileen Gray entworfenen Schreibtisch weiter fortsetzte. Dieser Schreibtisch ist verschwunden wie auch die Malerei dahinter, nach der Rekonstruktion der Einrichtung waren keinerlei Spuren mehr vorhanden. Einige kleine unscharfe Fotografien, aufgenommen entweder von Badovici oder vielleicht eher von Madeleine Goisot, zeigen einen nackten Le Corbusier beim Malen des Wandbildes im August 1939 |Abb. S. 80|.[134]

Das Wandgemälde in der Bar

Das zweite Wandgemälde im Wohnzimmer befindet sich im Essbereich an der dem Meer zugewandten Wand bei der Bar. Proportionen in Natur und Geometrie faszinierten Le Corbusier schon lange, besonders nach der um 1930 erfolgten Lektüre von Matila Ghykas Büchern über das Thema.[135] Dieses Wandgemälde leitet sich von den Gemälden *Arabesques animées et chien* (Animierte Arabesken und Hund) und *Spirales géométriques animées* (Animierte geometrische Spiralen) |Abb. S. 84|, beide um 1932, her sowie von weiteren entsprechenden Skizzen.[136] Sie stellen der dionysischen Leidenschaft links, dargestellt durch eine tanzende Frau, eine Muschelschale mit einer umschließenden pythagoräischen Spirale rechts gegenüber. Letzteres steht für die in organische Formen eingebetteten mathematischen und geometrischen Proportionen, welche Le Corbusier mit der spirituellen Welt, der Sphäre des göttlichen Gleichmaßes, verbunden sah. Durch eine Holzwand trennte er links und rechts – das Dionysische und das Pythagoräische – voneinander. In Le Piquey hatte Le Corbusier im Kino „Baron", das von einem Mitglied der Familie Vidal betrieben wurde, einige Frauen skizziert, die zu den

133 Auf zwei Bleistiftzeichnungen, eingebettet in eine Arabeske aus wirbelnden Linien, wird die Gestalt des Knochens im Wandbild nachvollzogen (FLC 6247 und 6248). Der Fleischerknochen erscheint unter anderem in *Sculpture et nu* (Skulptur und Akt, FLC 342, 1929), *Composition, violon, os et Saint-Sulpice* (Komposition, Geige, Knochen und Saint-Sulpice, FLC 344, 1930), *Nature morte à la racine et au cordage* (Stillleben mit Wurzel und gelbem Seil, FLC 94, 1930), *Femme noire, homme rouge et os* (Schwarze Frau, roter Mann und Knochen, FLC 98, 1931) und *Femme grise, homme rouge et os devant une porte* (Graue Frau, roter Mann und Knochen vor einer Tür, FLC 8, 1931) |Abb. S. 28|.
134 FLC L4(10)37.
135 Er besaß und kommentierte M. C. Ghyka, 1927. *Esthétique des proportions dans la Nature et dans les Arts*, Paris, Gallimard; sowie M. C. Ghyka, und P. Valéry, 1931. *Le nombre d'or. Rites et rythmes pythagoriciens dans le développement de la civilisation occidentale précédé d'une lettre de Paul Valéry*, Paris, Gallimard.
136 FLC 105.

Le Corbusier, *Spirales géométriques animées* (Animierte geometrische Spiralen), ca. 1932.

Das Wandbild in der Bar, August 1939.

Le Corbusier, Vorbereitungsskizze für das Wandbild in der Bar, links die Aussparung für den Helzkörper.

Klängen eines Grammophons tanzten |Abb. S. 83|.[137] Am 28. August 1932 schrieb er:

> Baron ist so beliebt, weil sein Rhythmus auf der Höhe der Zeit ist. Walzer, Java, Akkordeon usw. Le Piquey amüsiert sich: überall Jugend und Frohsinn.[138]

Die Abbildung links leitet sich eindeutig von einer Grobzeichnung im Skizzenbuch B6 ab. Die beiden Segmente des Gemäldes hat Le Corbusier in seinem späteren *Poème de l'angle droit* im Abschnitt „B2 Esprit" reproduziert.[139] In seiner späteren Entwicklung des Modulors (1950 als Buch veröffentlicht) versuchte Le Corbusier, die Proportionen des Goldenen Schnitts (die Fibonacci-Reihe) mit den auf die menschliche Figur bezogenen Dimensionen zu verbinden. Abgebildet im *Poème* ist eine Lithografie des Modulors mit der Zwillings-Fibonacci-Skala in der Mitte, flankiert von der Muschel rechts und dem Modulor-Menschen links.

Das Wandbild musste zur Linken den Heizkörper berücksichtigen und wurde um den Befestigungspunkt für ein Aluminiumregal herum gemalt, das zu einer Bar neben dem Essbereich ausgeklappt werden konnte. Durchaus angemessen erscheint das Sujet körperlicher und spiritueller Freude. Als Anspielung auf die unmittelbare Umgebung nahm Le Corbusier das Dunkelblau von Eileen Grays benachbartem Wandschirm auf. Unten fügte er einen Fisch ein, vielleicht als Hinweis auf das Meer oder auf kulinarische Köstlichkeiten. Auf einer späteren Skizze dieses Wandgemäldes vom 2. September 1949 schrieb er: „Für einen Wandteppich von Baudoin; soll er doch herkommen und einen Kartonentwurf machen."[140] Le Corbusier war sichtlich zufrieden mit diesem Gemälde, denn er ließ sich 1939 davor fotografieren |Abb. S. 97|.

Aggression?

In einem Brief vom 15. Mai 1949 bat Le Corbusier Badovici, die Villa im August mieten zu dürfen. Dort wollte er mit Josep Lluís Sert und Paul Lester Wiener nach ihrer gemeinsamen Rückkehr vom CIAM-Kongress *(Congrès Internationaux d'Architecture Moderne)* in Bergamo an den Plänen für Bogotá arbeiten |Abb. S. 87|.[141] Er blieb im Anschluss an die Tagung fünfzehn Tage in der Villa und restaurierte die erhaltenen Wandmalereien. Bis zu diesem Zeitpunkt hatte sich Badovici begeistert über die Wandmalereien geäußert.

---

137 Siehe die Skizzenbücher B6, S. 399–404 und B8, S. 520–522, in Le Corbusier et al., 1981. *Le Corbusier Sketchbook*, New York und Cambridge, Mass., Architectural History Foundation und MIT Press.

138 Skizzenbuch B8, ebd., S. 506.

139 Le Corbusier, 1955. *Poème de l'angle droit*, a. a. O., Folio 52 und 54.

140 FLC 5490. Pierre Baudoin lehrte an der École nationale d'art décoratif in Aubusson und arbeitete mit Le Corbusier an seinen Wandteppichen.

141 FLC E1(5)68.

87

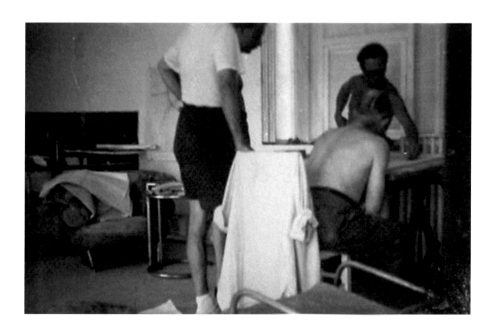

Brief Le Corbusiers an
Jean Badovici mit der Bitte,
zehn Fotografien der
sieben Wandmalereien
in E1027 anzufertigen,
10. September 1949.

Paul Lester Wiener,
Josep Lluís Sert und
andere bei der Planung
für Bogotá in E1027,
August 1949.

So schrieb er beispielsweise 1941, nachdem er das Haus zur Untersuchung von Kriegsschäden aufgesucht hatte:

> Die baraque *ist schöner denn je, sie hat das ganze Unheil überstanden. Kaum Schäden. Alles wieder hergestellt. [...] Die* baraque *strahlt und die Gemälde leuchten. [...] Einige eher anspruchslose Bekannte aus der Umgebung haben mir gestern gesagt: Es ist schon komisch, wie gut die Gemälde zum Haus und zum Meer passen. Und sie waren begeistert. Hut ab vor Corbu und tausend Dank.*[142]

Und einige Tage danach wiederholte er: „... Ihre Fresken sind intakt und leuchtender als je zuvor."[143] Es muss ihm nicht ganz dabei wohl gewesen sein, Le Corbusier mit den Wandbildern beauftragt zu haben, denn anscheinend wusste Eileen Gray noch nichts von ihnen. Im Januar 1942 schrieb Yvonne Le Corbusier aus Vézelay, wo er sie während seines achtzehnmonatigen Vichy-Aufenthalts zurückgelassen hatte:

> *Badovici ist völlig aufgelöst. Ich habe ihm mächtig Angst eingejagt. Ich sagte ihm, du würdest vielleicht nach St. Tropez fahren. Natürlich weiß ich, dass ihm unglaublich bange davor ist, du könntest Gray treffen. Aber ich tat es absichtlich, um ihn zu ärgern.*[144]

Es ist unklar, ob Gray von den Wandgemälden erfahren hatte oder ob Badovici befürchtete, Le Corbusier würde ihr davon erzählen. Mit Sicherheit war Badovici in Kontakt mit Gray, denn Yvonne beschwerte sich, dass er seine Zigarettenration für Gray aufbewahre, anstatt ihr davon anzubieten.[145]

1949 war das enge freundschaftliche Verhältnis von Le Corbusier zu Badovici deutlich angespannt. Le Corbusier kritisierte Badovici für seine Nachlässigkeit, die Teilnahmeunterlagen für den CIAM-Kongress in Bergamo nicht ausgefüllt zu haben. Dass dieser keine Hotels für Sert und Wiener organisiert hatte, verärgerte Le Corbusier zusätzlich. Er kritisierte Badovici dafür, seine neue Geliebte, die achtzehnjährige Mireille Rougeot, in die Villa gebracht zu haben, während Le Corbusiers angesehene und respektable Gäste mit deren Gattinnen zugegen waren.[146] In einem Brief vom 5. September griff Le Corbusier Badovici an und verlangte, ihm das Geld für die Farben zur Restaurierung der Wandmalereien zu erstatten. Ebenso wünschte er, Badovici möge Fotos von den Wandgemälden machen lassen, und fügte seinem Brief genaue Skizzen für jedes der

---

142 Brief Badovicis an Le Corbusier, verfasst in der Villa E1027 Ende Juli 1941 (FLC E1(5)49).
143 Brief Badovicis an Le Corbusier, 2. August 1941 (FLC E1(5)53).
144 Brief Yvonnes an Le Corbusier, 6. Januar 1942 (FLC R1(12)177).
145 Brief Yvonnes an Le Corbusier, 20. Dezember 1941 (FLC R1(12)170).
146 Briefe Le Corbusiers an Badovici, 17. Juni 1949 (FLC E1(5)73) sowie 8. Juli 1949 (FLC E1(5)74). Le Corbusier bezeichnete Mireille Rougeots Anwesenheit als *coup de bohème* und sagte, es löse Unbehagen in ihm aus, zwischen Menschen so unterschiedlichen Charakters den richtigen Ton zu finden.

Wendeltreppe mit von Eileen Gray bemalter Schranktür mit einer Anordnung aus Scheiben (Rekonstruktion).

zehn erbetenen Fotos an.[147] Am 2. Oktober rügte Le Corbusier ihn wegen seines Versäumnisses, die Fotos zu liefern. Und er fügte hinzu:

> *Sie haben es nie der Mühe wertgehalten, mir [für die Male-reien] zu danken, meinen Champagner aber haben Sie ge-trunken, anstatt mir welchen anzubieten. Ausdrücklich habe ich Sie im Gegenzug um einige Fotos gebeten, und ich habe Ihnen die gewünschten Kompositionen genau aufgezeich-net. [...] Man ersucht mich, diese Fotos zur Veröffentlichung vorzulegen. [...] Es ist mir nicht entgangen, dass Sie für Ihre Veröffentlichung zur* baraque *offenbar einen sachkundigen Fotografen gefunden hatten. [am Rand hinzugefügt] Und ich warte nach 14 Jahren immer noch auf die drei Flaschen* gniolle, *die Sie mir für die Gemälde schulden und um die ich hundertmal angefragt habe.*[148]

Hinter diesem unerfreulichen Austausch lässt sich erkennen, wie empfindsam Le Corbusier in Bezug auf seinen Status als Künstler sein konnte. Und sei es nur mit Alkohol – bezahlt wollte er sein. Die hervorragenden Aufnahmen, die von E1027 in *L'Architecture Vivante* veröffentlicht wurden, stammten von Eileen Gray. Freilich hatte Badovici sie niemals bitten wollen, die Wandgemälde zu fotografie-ren.

Als Badovici schließlich jemanden fand, der die Fotoarbeiten über-nahm, ließ Le Corbusier ihn wissen, der Fotograf sei ein „Esel" und wisse nichts über Filter, um Farbe in Schwarzweiß qualifiziert wie-derzugeben.[149] Le Corbusier veröffentlichte 1946 Fotos von fünf sei-ner Wandbilder mit dem Kommentar: „Sie sind nicht auf die schöns-ten Wände der Villa gemalt. Im Gegenteil, sie brechen aus tristen, traurigen Wänden hervor, an denen sich nichts tut." Er veröffentlich-te sie auch in seinem Buch *New World of Space* | Abb. S. 116 |.[150] Möglicherweise erfuhr Gray erst zu diesem Zeitpunkt von den Wand-gemälden und war verständlicherweise schockiert. Und das war Grund genug für Badovici, sich schließlich gegen seinen Freund zu wenden und sich über Le Corbusiers Eitelkeit zu beklagen.

> *Meine* baraque *hat als Versuchslabor gedient und so die tie-fere Bedeutung eines Denkansatzes geopfert, in dem Malerei strikt verboten ist, aufgrund einer reinen und funktionalen Architektur. Und eben darin liegt seit Jahren ihre Stärke [...] Sollte bei Ihnen kein Sinneswandel erkennbar werden, muss*

147 Briefe Le Corbusiers an Badovici, 5. September 1949 (FLC E1(5)84) sowie 10. September 1949 (FLC E1(5)85).

148 Brief Le Corbusiers an Jean Badovici, 2. Oktober 1949 (FLC E10(5)88).

149 Brief Le Corbusiers an Jean Badovici, 23. August 1950 (FLC E1(5)104). Wenngleich undatiert, ist der Brief aber anscheinend einem datierten Umschlag (FLC A1(5)105-001) und Badovicis Antwort vom 26. August 1950 zuzuordnen.

150 Die Bilder wurden wie folgt publiziert: Le Corbusier und W. Boesiger, 1946. *Le Corbusier Œuvre complète 1938–1946*, Zürich, Artemis, S. 158–161; Le Corbusier, 1948. *New World of Space*, a. a. O., S. 90 und S. 99–102, in dem Beitrag „Unité", 1948, *L'Architecture d'Aujourd'hui*, Nr. 19, S. 49; Stamo Papadaki und Joseph Hudnut, 1948. *Le Corbusier Architect, Painter, Writer*, New York, Macmillan.

Schablonierte Original-aufschrift von Eileen Gray *Peignoirs* (Bademäntel) im Badezimmer.

Restaurierte Beschriftung *Choses légères* (leichte Gegenstände) über dem Waschbecken im Schlaf-zimmer, nach Originalfotos.

Restaurierte Aufschrift *Eau fraîche* (Trinkwasser) im Schlafzimmer, nach Originalfotos.

| ich die Sache selbst in die Hand nehmen und den ursprüng-
| lichen Charakter des Hauses am Meer wiederherstellen.[151] |

Zu erwähnen ist, dass Badovici in diesem Brief keinerlei Hinweis auf Eileen Gray gibt. Tatsächlich verweist er in keiner seiner erhaltenen Korrespondenzen auf sie. Nicht zu Unrecht erinnerte Badovici Le Corbusier an seine fortwährende Unterstützung sowie an die Veröffentlichung seiner Werke in immerhin sieben Ausgaben von *L'Architecture Vivante*.

In einem gnadenlos verletzenden Antwortschreiben forderte Le Corbusier Badovici zu einer öffentlichen Debatte über die funktionelle Reinheit von E1027 heraus und führte Grays Beschriftungen als Gegenbeweis an.[152] Er setzte hinzu: „Vielleicht verstehe ich ja nicht so ganz den tiefen Sinn Ihres Denkens, denn obwohl Sie dreißig Jahre in Paris gelebt haben, ist es Ihnen nie gelungen, anderen Ihre Texte verständlich zu machen." Ebenso verspottete er Grays Haus in „Castellon" [sic Castellar, d. h. das Dorf, in dem sich Grays „Tempe a Pailla" befindet] als „dieses U-Boot des Funktionalismus".

Le Corbusier verstand sehr wohl Badovicis Argument, „Malerei strikt zu verbieten im Sinne einer reinen und funktionalen Architektur". Schließlich war genau das seine eigene Position in den 1920er- und Anfang der 1930er-Jahre gewesen. Niemals hätte er Wandmalereien in einer seiner Villen der 1920er-Jahre akzeptiert. Zwar mag er sich über Grays Inschriften mokiert haben, dennoch ist seine Bewunderung für E1027 bekannt. Viel später, in einem Brief an seinen Mitarbeiter Willy Boesiger, der nach Badovicis Tod 1956 einen Käufer für die Villa suchte, bezeichnete Le Corbusier es als „Maison Badovici" [inspiriert durch das Haus „Le Lac"], das „1928 von Elen [sic] Gray und Bado mit großer Sorgfalt zur privaten Nutzung" erbaut wurde.[153] Bemerkenswert ist, dass das einzige Haus, das Le Corbusier zwischen 1936 und 1938 mit seiner Filmkamera fotografierte, E1027 war. Und doch hatte er 1929 den puristischen Stil der Villa aus den 1920er-Jahren weitgehend aufgegeben und sich mehr für die Arbeit mit Stein, Stahl und Holz interessiert. Seine Villa für Madame de Mandrot (1929–1933), unweit von Roquebrune, wies keinen der „Fünf Punkte zu einer neuen Architektur" auf.[154] Genauso wenig wie seine beiden Häuser von 1935 – „Le Sextant" an der Atlantikküste bei Bordeaux und das „kleine Wochenendhaus" in einem Pariser Vorort –, die aus rohem Stein, Ziegeln und Holz gebaut waren.[155] Gegen

151 Brief Jean Badovicis an Le Corbusier, 30. Dezember 1949, Handschrift (FLC E1(5)96). Es existiert auch eine getippte Version dieses Briefes, mit einigen Streichungen und Änderungen (FLC E1(5)97).

152 Brief Le Corbusiers an Jean Badovici, 1. Januar 1950 (FLC E1(5)99).

153 Brief Le Corbusiers an Willy Boesiger, 7. August 1958 (FLC E1(5)120).

154 Benton, T., 1984. „La villa Mandrot i el lloc de la imaginacio", *Quaderns d'arquitectura i urbanisme*, 163, S. 36–47, Neuauflage: T. Benton, 2011. „The Villa de Mandrot and the Place of the Imagination", in Michel Richard (Hrsg.), *Massilia 2011. Annuaire d'Études Corbuséennes*, Marseille, Éditions Imbernon, S. 92–105.

155 Benton, T., 2010. „Le Corbusier e il vernacolare: Le Sextant a Les Mathes 1935", in A. Canziani, *Le Case per artisti sull'Isola Comacina*, Como, Nodo Libri, S. 22–43; und Benton, T., 2003. „The Petite Maison de Weekend and the Parisian Suburbs", in *Le Corbusier & The Architecture of Reinvention*, London, AA Publications, S. 118–139.

1938 stand der reinweiße Stil von E1027 daher nicht im Mittelpunkt seines ästhetischen Interesses.

Über Eileen Grays Reaktion auf Le Corbusiers Gemälde lässt sich nur spekulieren, da die einzigen Anhaltspunkte aus zweiter Hand stammen und durch die Sichtweise ihres Biografen Peter Adam oder anderer, die ihr in den 1960er-Jahren begegnet sind, gefiltert wurden. Die von Le Corbusier 1948 und 1949 veröffentlichten Fotografien der Wandmalereien müssen sie verstört haben. Es ist jedoch nicht so, dass sie, wie Badovici behauptet, „alle Malerei strikt untersagt" hätte. Wie bereits erwähnt, hatte sie ein polychromes Vorgehen an der Nordwand des Wohnzimmers ausprobiert und, nachdem sie dies aufgegeben hatte, das gelbe Feld in der von ihr entworfenen großen „Seekarte" beibehalten. Eine Collage im V&A-Archiv zeigt ein weiteres polychromes Design in Schwarz, Grau, Braun, Gelb und Blau für die Küchenschränke.[156] Sie gestattete sich auch einige eher dezent-abstrakte Kompositionen. So bemalte sie etwa neben der Wendeltreppe eine Schranktür mit einer Anordnung aus Scheiben |Abb. S. 89| der im Haus meist verwendeten Farben, die in einer Originalcollagezeichnung in farbiger Gouache erhalten ist.[157]

Nach diesem hässlichen Streit kam die enge Beziehung zwischen Le Corbusier und Badovici nie wieder richtig ins Lot, zumal Badovici für Le Corbusiers Erzfeind André Lurçat am Wiederaufbau von Maubeuge arbeitete.[158] Le Corbusier scheint zwischen 1949 und 1956, dem Todesjahr von Badovici, keinen ungehinderten Zugang mehr zu E1027 gehabt zu haben. Nichtsdestotrotz existiert ein ungezwungenes Foto von Le Corbusier und Yvonne mit Badovici und Mireille Rougeot, aufgenommen um 1952 auf der Terrasse des Restaurants Étoile de mer.

Zweifellos hatte es Badovici erfreut, dass Le Corbusier sein künstlerisches Talent in seine beiden Häuser eingebracht hatte, und Le Corbusier wiederum muss froh gewesen sein, sich künstlerisch ausdrücken zu können. Doch ist beiden der Vorwurf nicht zu ersparen, gewisse ästhetische Konventionen verletzt zu haben. Léger, den Le Corbusier sehr schätzte, schien ihn in seinem radikalen Positionswechsel in Bezug auf das Verhältnis von Malerei zu Architektur beeinflusst zu haben. Besonders deutlich wurde das in dem Gespräch, das Badovici in einem Artikel im März 1937 wiedergab.[159] Keinerlei Beweise untermauern Beatriz Colominas These, die Gemälde als Angriff auf Eileen Gray zu deuten. Dass Le Corbusier 1959 nicht einmal deren Namen buchstabieren konnte, belegt, dass er sie nicht gut kannte, und allem Anschein nach hat Badovici sie auch kaum erwähnt.

---

156 V&A Archive, London, AAD 188/31.

157 V&A Archive, London, AAD 188/35.

158 Das Stadtzentrum Maubeuge war 1940 bei einem schweren Bombenangriff der deutschen Wehrmacht zu 90 % zerstört worden. Ende 1944 beauftragte die provisorische Regierung General de Gaulles André Lurçat als leitenden Architekten für den Wiederaufbau.

159 Badovici, J., 1937. „Peinture murale ou peinture spatiale", a. a. O.

E1027 nach Badovici

Die einzige Erbin des kinderlosen Badovici war seine Schwester Alexandrina, die in einem Pflegeheim in Budapest lebte. Zunächst leitete André Henriot, ein Pastor des dem Heim angeschlossenen geistlichen Ordens, die Verhandlungen. 1960 jedoch übernahm die rumänische Botschaft die Angelegenheit und ernannte den Anwalt Darjou zu ihrem Vertreter.[160] Le Corbusier war sehr daran gelegen, seine Wandmalereien erhalten zu sehen, und in einem Schreiben an Willy Boesiger verwies er auf die Möglichkeit, das Haus in ein Museum umzuwandeln. Immerhin, so führte er an, seien die Wandbilder ja weithin veröffentlicht worden.

> Die vier größeren wurden fotografiert und in Originalgröße ausgedruckt und tourten um die Welt: Musée National d'Art Moderne Paris 1953, Wanderausstellung in Boston und die acht großen amerikanischen Museen 1948–49 etc.[161]

Er zählte sämtliche Vorzüge des Hauses auf, darunter auch dessen Lage, und schließlich auch die Nähe zu Thomas Rebutatos Fischrestaurant L'Étoile de mer. Boesigers Antwort war eher abschlägig, und so bat Le Corbusier Heidi Weber[162] um Hilfe, deren Bekannte, Marie-Louise Schelbert, schließlich am 7. April 1960 das Haus in Menton kaufte.[163] Einige amüsante Geschichten zirkulierten über eine Auktion, bei der Aristoteles Onassis der Höchstbietende war, nur um von Le Corbusier am Kauf gehindert zu werden. Da eine solche Auktion in keiner Weise dokumentiert ist, dürfte es sich hierbei wohl um ein Gerücht handeln.[164] Im Bemühen, Madame Schelbert für das Haus zu interessieren, schickte Le Corbusier ihr Fotografien seiner Wandgemälde.[165] Schelbert nahm verschiedene Änderungen im Haus vor, um es wasserdichter und zweckmäßiger zu machen, behielt jedoch den Charakter des Gebäudes ebenso bei wie dessen Möbel, deren Bedeutung Le Corbusier besonders hervorhob. Am 28. Dezember 1961 besserte er die Wandmalereien zum letzten Mal aus. Der ortsansässige Künstler Jean Broniarski übermalte sie 1978 mit gröberen Farben, die später wiederum von der Restauratorin Marie-Odile Hubert entfernt wurden.

---

160 Brief André Henriots an Le Corbusier, 27. April 1960 (FLC E1(5)144).
161 Brief Le Corbusiers an Willy Boesiger, 7. August 1958 (FLC E1(5)119).
162 Heidi Weber war eine Kunstsammlerin in Zürich, die mit Le Corbusier eine Vereinbarung traf, seine Bilder und Möbel über ihre Galerie zu kaufen und zu verkaufen. Ein beträchtlicher Teil der Gemälde von Le Corbusier ging durch ihre Hände und sie veröffentlichte seine Werke. Siehe Heidi Weber und Hansjörg Gadient (1988). *Le Corbusier Maler Zeichner Plastiker Dichter. Werke aus der Sammlung Heidi Weber*, Zürich und Montreal, Edition Heidi Weber; Heidi Weber, Hrsg. (1988, erw. Neuauflage 2004). *Le Corbusier: Das grafische Werk*, Zürich und Montreal, Edition Heidi Weber. 1960 gab sie bei Le Corbusier einen Stahlpavillon in Auftrag, der nach seinem Tod in Zürich nach seinen Entwürfen errichtet wurde und heute ein Museum und Ausstellungsräume beherbergt (Catherine Dumont d'Ayot und Tim Benton, 2013. *Le Corbusiers Pavillon für Zürich: Modell und Prototyp eines idealen Ausstellungsraums*, Zürich, Institut für Denkmalpflege und Bauforschung und Lars Müller; Arthur Rüegg, Hrsg. (1999). *Le Corbusier – René Burri – Magnum Photos*, Basel, Birkhäuser, S. 55–67.
163 FLC E1(5)123.
164 Stella, R., 2017. „Where the Paper Trail Leads", a. a. O.
165 Brief Le Corbusiers an Madame Schelbert, 13. April 1960 (FLC E1(5)143).

E1027 ALS VERSUCHSLABOR

Der amerikanische Architekturhistoriker Henry-Russell Hitchcock schrieb 1947, dem Jahr, in dem der CIAM-Kongress in Hoddesdon sich dem Thema Kunst widmete, einen wichtigen Artikel über „The Place of Painting and Sculpture in Relation to Modern Architecture" (Die Stellung von Malerei und Skulptur im Verhältnis zu moderner Architektur). In wenigen äußerst prägnanten Sätzen beschreibt er das Dilemma, welches durch das Einbeziehen autonomer moderner Kunstwerke in moderne Architektur entsteht:

> Eine Mondrian-Wand wäre in einem umfassend von Mondrianschen ästhetischen Konzepten getragenen Bauwerk lächerlich gewesen ... Somit bleibt abstrakte Malerei so starr wie jede andere Form von Malerei fest eingerahmt und erhält keinen wirklichen Halt von der Architektur, der sie so viel Kraft verliehen hat.[166]

In Anbetracht seines lebenslangen Experimentierens als Architekt und als Künstler mit dem Gebrauch von Farbe in Bauwerken berief sich Le Corbusier gern auf die „Synthese der Künste" bzw. das „Gesamtkunstwerk". Die Motivation hinter diesem Gedankengang war seine feste Überzeugung, dass es eine Beziehung zwischen bildlicher, skulpturaler und architektonischer Form geben muss. Für jemanden, der morgens lange malte und nachmittags an Architektur arbeitete, scheint diese Argumentation durchaus überzeugend. Der am weitesten entwickelte Ausdruck dieses Gedankens findet sich in seinem Buch *New World of Space*, wo er Beispiele seiner Malerei und Architektur auf einer grob chronologisch geordneten Folge von Doppelseiten einfach gegenüberstellte |Abb. S. 116|.[167] Aber diese Anschauung als Theorie zu formulieren, war weitaus schwieriger. Da jede der Kunstformen ihre höchsteigene Reaktion auf das Maschinenzeitalter entwickelte, malte sich Le Corbusier aus, wie sie zusammenkommen könnten. Allerdings stand er vor dem Problem, eine solche Synthese anschaulich zu machen, ohne in die Falle der *Arts and Crafts*- oder Jugendstil-Bewegungen zu tappen, wo Architektur, Malerei und Kunsthandwerk zur reinen Dekoration wurden. Architekten, Maler und Bildhauer müssten erst einmal das Medium des jeweils anderen optimal verstehen. Man stelle sich zum Beispiel den Maler vor, der sich der Wand gegenübersieht, auf der er zu malen beabsichtigt:

Blick auf Esstisch und die restaurierte Bar mit dem Wandbild.

166 Hitchcock, H.-R., 1947. „The Place of Painting and Sculpture in Relation to Modern Architecture", *The Architect's Yearbook*, S. 12–23.
167 Le Corbusier, 1948. *New World of Space*, a. a. O.

> *Die Wand hat ihre eigenen Gesetze, ihr Potenzial, ihre Le-*
> *bendigkeit. Eine „Wand" ist (sozusagen) in Wirklichkeit ein*
> *Fragment eines dreidimensionalen Ensembles. Wir müssen*
> *die Qualität von Volumen verstehen, ihre Bedeutung, ihre*
> *Kraft, ihre Fähigkeit, sich zusammenzuziehen oder auszu-*
> *dehnen. Und dies kann man nur erreichen, indem man sich*
> *gebaute Volumen anschaut – Baustellen oder Ateliers, wo*
> *Pläne gemacht werden und wo man die Technik erlernen*
> *muss, mit einfachen Zeichnungen eine architektonische*
> *Idee zu entwerfen, auszudrücken und letztendlich zu bauen.*
> *Daher sage ich, die Menschen heutzutage kämpfen dage-*
> *gen an und sind also für diesen Mangel an Verständnis nur*
> *schlecht gerüstet.*[168]

Der richtige Ansatz wäre demnach, das Wandbild als einfühlsame Antwort auf den architektonischen Kontext zu gestalten. Man kann argumentieren, dass Léger dies in den späten 1930er-Jahren in seinen Wandmalereien – so in Vézelay – tatsächlich versucht hat. Le Corbusier selbst verfolgte einen anderen Ansatz. Alle Wandmalereien in E1027 basieren auf früheren Staffeleimalereien, die nur minimal an ihre Situation auf der Wand angepasst wurden. Anders waren dagegen seine späteren Wandmalereien im Restaurant Étoile de mer. Le Corbusier erklärte weiter, dass das Problem darin bestand, dass Künstler sich nur ungern an der Wandmalerei versuchten. Aber nur so könnten sie lernen. Durchaus erstaunlich für einen Architekten, der noch immer für seine reinen, undekorierten Wände bekannt war. Er fuhr fort:

> *Mein ganz bescheidener Rat ist, auf Baustellen alle Wände*
> *zu streichen, egal wo, und sei es nur, um später überdeckt*
> *zu werden, damit aufmerksame Augen und sensible Köpfe*
> *sich der harten Herausforderung der Architektur stellen kön-*
> *nen.* [169]

Diese Äußerung, verfasst im Jahr seines Streits mit Badovici über die Wandmalereien von E1027, wirft eine Reihe von Problemen auf. Sein Argument ist, dass nur durch das Experimentieren vor Ort das Potenzial der Wandmalerei in der Architektur wirklich geprüft werden kann. Paradoxerweise wäre die frühere, De-Stijl-ähnliche mehrfarbige Behandlung der Nordwand des Salons von E1027 – die 1929 von Eileen Gray ausprobiert und übermalt worden war – ein Paradebeispiel für Le Corbusiers Ansatz gewesen. Seine eigenen Wandmalereien, nunmehr als Kulturdenkmäler dauerhaft geschützt, laufen

168 Le Corbusier, Vorwort, datiert 1949, in A. Fasani, 1951. *Éléments de peinture murale, pour une technique rationnelle de la peinture*, Paris, Bordas, S. 1-2. Das Buch ist eine technische Abhandlung über Wandmalerei, einschl. detaillierter Ratschläge und Informationen zu Pigmenten, Vorbereitung und Pflege von Wandgemälden in verschiedenen Situationen. Fasani bezieht sich auch häufig auf historische Beispiele der Wandmalerei (von den Ägyptern bis zur Renaissance) und fügt Abschnitte zu Farbtheorie und Form ein. Er hatte in den 1930er-Jahren beträchtliche Erfahrungen mit großformatigen Wandprojekten gesammelt, und André Bloc beauftragte ihn, die Wand seines Hauses in Meudon mit einem abstrakten Wandbild zu gestalten.
169 Le Corbusier, 1955. *Poème de l'angle droit*, a. a. O., S. 2.

Le Corbusier vor seinem Wandgemälde in der Bar von E1027, August 1939.

seinem Text jedoch völlig zuwider. Wandmalerei ist wie Architektur ein öffentliches Medium und unterliegt anderen Regeln als Staffeleimalerei oder Grafik. Genau jene Dynamik, welche die Entwicklung der Wandmalerei in den 1930er-Jahren stimulierte, sei es die Unterstützung von Diktaturen, die Förderung von Ideologien und Kommerz, die Notwendigkeit, die Härte von abgespecktem Neoklassizismus und modernistischen Innenräumen zu humanisieren, verursachten hartnäckig Schwierigkeiten für eine Kunst, welche die Ästhetik moderner Architektur, Malerei und Skulptur wirklich zusammenbringen könnte. Le Corbusiers zwanglose Wandbilder im Restaurant Étoile de Mer waren eine viel gelungenere Antwort auf die Wand und ihren Kontext. Sein großes Gemälde im Rebutato-Schlafzimmer schien in diesem Zusammenhang ebenfalls gut zu „funktionieren" und auf die Unbefangenheit der Umgebung zu reagieren.

Synthese der Künste

In dem Versuch, seine Gedanken zur Synthese der Künste bzw. zum Gesamtkunstwerk zu erklären, kam Le Corbusier auf die Idee des „unaussprechlichen Raums": Wenn alle Elemente eines Raums – Volumen, Skulptur, Farbe – perfekt harmonieren, findet eine magische

Transformation statt, die dem ästhetischen Moment entspricht, in dem – um die Sprache seines Buches *Modulor* zu bemühen – das Physische spirituell (oder „göttlich") wird. Er verglich dies mit der vierten Dimension:

> *Die vierte Dimension ist der Moment der grenzenlosen Flucht, hervorgerufen durch einen außergewöhnlich angemessenen Gleichklang der eingesetzten plastischen Mittel. [...] Dann öffnet sich eine grenzenlose Tiefe, beseitigt die Wände, vertreibt zufällige Präsenzen,* vollbringt das Wunder des unbeschreiblichen Raums. *[kursiv im Original] [...] Architektur, Skulptur, Malerei: Die Bewegung der Zeit und der Ereignisse führt sie nun unzweifelhaft zu einer Synthese. Wer sich mit Architektur beschäftigt (wie wir sie, nicht die Akademien, verstehen), muss ein tadelloser Meister der plastischen Form und ein lebendiger und aktiver Kenner der Künste sein.*[170]

Ab 1945 begann Le Corbusier mehr und mehr Farbe zu verwenden, um Wände zu modulieren, und wandte sich auch Wandgemälden und Wandteppichen zu. Ein Beispiel dafür ist die Verwendung riesiger fotografischer Vergrößerungen seiner Gemälde, mit denen er Wände in einigen seiner Bauten gestaltete. So setzte er eine Schwarz-Weiß-Vergrößerung seines Gemäldes *Nature morte au livre et au coquetier* (Stillleben mit Buch und Eierbecher), 1928, im Büro des Direktors der Fabrik Claude et Duval in Saint Dié ein |Abb. S. 118|.[171] Die Emaillierungen und Glasfenster, die er für die Wallfahrtskirche von Ronchamp und für die Bauten in Chandigarh kreierte, trugen wesentlich zum Erfolg dieser Spätwerke bei.[172] Dies waren alles Originalkompositionen, die ausdrücklich für das jeweilige Umfeld gemacht wurden. Er entwarf auch eine Reihe sehr wirkungsvoller Wandteppiche – seine sogenannten *Muralnomads* – die noch heute von der Tapisserie Aubusson hergestellt werden. So war es einer Familie möglich, immer wieder umzuziehen und ihre Wandbilder mitzunehmen.

Was auch immer man von Le Corbusiers Missbrauch von E1027 in den Jahren 1938–1939 als „Versuchslabor" halten mag, es ist Teil der umfangreichen Entwicklung seines künstlerischen Schaffens. Und es deckt sich, wenngleich unbeabsichtigt oder sogar unangemessen in diesem Zusammenhang, mit Eileen Grays Kritik an der Armut funktionalistischer Architektur.

170 Le Corbusier, *New World of Space*, a. a. O., S. 8–9.

171 Die Strumpffabrik Claude et Duval ist das einzige Industriegebäude, das Le Corbusier entworfen hat. Der aufgeständerte Stahlbetonbau basiert auf dem Modulor-Konzept und wurde 1952 eröffnet.

172 Siehe Christian Bjone (2009). „Der Minotauraus im Labyrinth und Christus am Kreuz", in *Kunst + Architektur. Wege der Zusammenarbeit*, Basel: Birkhauser, S. 61–77; und Flora Samuel und Inge Linder-Gaillard (2020). *Sacred Concrete. The Churches of Le Corbusier* (2., erw. Auflage), Basel: Birkhauser, S. 84–155.

Le Corbusier, zwei Wand-
gemälde in Costantino
Nivolas Haus, Long Island,
1951.

Zwei Wandbilder auf Long Island

Le Corbusier malte zwei Wandbilder im Wohnzimmer des kleinen Hauses von Costantino Nivola auf Long Island. Das rechts ist eine stark vereinfachte Version von *Figure à la porte jaune* (Figur an gelber Tür), 1938, die die ebene Wand als solche belässt und doch ein subtiles Gefühl von Tiefe vermittelt. Das Gemälde auf der linken Seite ist abstrakter, und seine stärkere Farbtönung schafft einen interessanten Kontrast zu dem anderen Bild, zumal es durch ein Fenster weiter links besonders erhellt wird. Die beiden Gemälde sind eine deutlich gelungenere Annäherung von Malerei an Architektur als das Wandbild im Salon von E1027.

Die Unités de camping (Camping-
häuser) von 1957 auf dem Grundstück
von Rebutato oberhalb der Villa E1027.

Die Terrasse des Restaurants Étoile de mer (1949) mit den Wandmalereien von Le Corbusier.

Die Fassade des Étoile de mer mit den Wandmalereien von
Le Corbusier und einer Kopie seines Gemäldes *À l'Étoile de mer
règne l'amitié* (Im Étoile de mer herrscht Freundschaft), 1950.

ÉTOILE DE MER UND LE CABANON

1949 lernte Le Corbusier Thomas Rebutato kennen, der gerade ein Fischrestaurant auf dem Gelände neben E1027 eröffnet hatte. Rebutato, ein Klempner aus Nizza und leidenschaftlicher Angler, hatte das Grundstück mit der Absicht gekauft, dort eine Hütte zu bauen, in der er übernachten und seine Ausrüstung aufbewahren könnte. Bald jedoch änderte er seine Pläne und überredete seine Frau, in Nizza alles stehen und liegen zu lassen, um eine Snackbar und ein Restaurant einzurichten. Seine Kundschaft sah er in Campern, in Schmugglern, aber auch in den dort patrouillierenden Beamten der Küstenwache. Durch seinen Architekten ließ er sogar einen Plan mit insgesamt acht identischen Ferienunterkünften für die Camper anfertigen.[173]

Das wiederum stellte sich als glücklicher Zufall heraus, da Le Corbusier und seine Gäste Sert und Wiener dort regelmäßig essen konnten, während sie an den Plänen für Bogotá arbeiteten. Le Corbusier kehrte 1950 und danach jedes Jahr – bisweilen mehr als einmal im Jahr – bis zu seinem Tod 1965 nach Roquebrune-Cap-Martin zurück. Im Winter 1951 skizzierte er die Pläne für eine an das Restaurant Étoile de mer angrenzende Holzhütte,[174] die er als Geschenk für seine Frau Yvonne bezeichnete. Es sollte ihnen zum Schlafen und – bei Nässe und Kälte – auch zum Arbeiten dienen. In den folgenden Monaten arbeiteten Jacques Michel und André Wogensky die Pläne aus, die Le Corbusier dann im Juni 1952 genehmigte. In Ajaccio suchte er den korsischen Schreiner Charles Barberis in seiner Werkstatt auf, wo er die vorgefertigte und zusammenmontierte Hütte begutachtete.[175] Die Fertigteile wurden dann per Bahn angeliefert und vor Ort direkt vom Gleis abgeladen. Am 5. August 1952 nahm Le Corbusier sein Cabanon in Besitz. Die Möbel wurden mit großer Sorgfalt von Jacques Michel entworfen und von Barberis getischlert.

Unités de camping

Später wollte Le Corbusier seinem Freund Thomas Rebutato ein zusätzliches Einkommen verschaffen und entwarf zwei Projekte für

Le Corbusier, Cabanon, 1952.

---

173 Fernand Pietra, Lageskizze mit Datumsstempel vom 18. August 1948 mit Étoile de mer und sieben weiteren identischen Unterkünften (FLC 18991). Für Pietras undatierten Plan, Aufriss und Skizze des Étoile de mer, siehe FLC 18882.
174 Die Skizzen wurden veröffentlicht in Le Corbusier, 1955. *Le Modulor 2 1955 (la Parole est aux usagers)*, Suite de Modulor 1948, S. 253–254, wo sie auf den 30. Dezember 1950 datiert sind. Nach Bruno Chiambrettos Ansicht stammen sie aber vom September. Siehe B. Chiambretto, 1987. *Le Corbusier à Cap-Martin*, Marseille, Éditions Parenthèses.
175 Brief Le Corbusiers an Yvonne, aus Ajaccio vom 18. Juli 1952 (FLC R1(12)99).

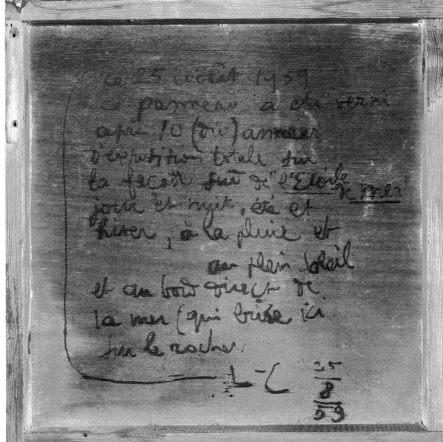

Thomas Rebutatos
Restaurant Étoile de mer
mit seinen Wandbildern.

Le Corbusier, À l'Étoile
de mer règne l'amitié
(Im Étoile de mer herrscht
Freundschaft), 1950.

Rückseite des Gemäldes
À l'Étoile de mer règne
l'amitié. Am 25. August
1959 beschreibt Le Cor-
busier, wie das Gemälde
zehn Jahre lang der
Meeresluft ausgesetzt
war, bevor es neu mit
einem Schutzlack ver-
sehen werden musste.

Ferienunterkünfte, die auf den Felsen unterhalb des Restaurants Étoile de mer errichtet werden sollten (1949–1954). Als diese sich als unpraktisch erwiesen, entwarf er 1957, ein Jahr nach dem Tod von Badovici, fünf vorgefertigte Holzhütten, die auf einem Betonrahmen auf den Terrassen über der Villa E1027 aufgestellt werden sollten |Abb. S. 102–103|. Sie waren für Camper gedacht und griffen eine Idee auf, die 1949 von einem lokalen Architekten für Rebutato entwickelt worden war.

Ein „Schild" für das Étoile de mer

Bereits am 3. August 1950 malte Le Corbusier sein erstes Bild auf dem Rebutato-Gelände. Auf die Rückseite einer Fotografie dieses Gemäldes schrieb er: „Die auf Holz gemalte Tafel 1,00 x 1,00 m stellt ‚Roberto' [Thomas Rebutato] und seinen einheimischen Kumpel, den ‚Heiligen Andreas der Seeigel', dar." |Abb. S. 111| Thomas Rebutato eignete sich immer gern den Namen seines Sohnes Robert an. Ihm wird als Hinweis auf seine Liebe zum Angeln ein riesiger Fisch zugeordnet, während die andere Figur einen Korb mit Seeigeln trägt, ein Leibgericht Yvonnes. Dieses Gemälde hing bei Wind und Wetter an der Wand des Étoile de mer, bis es schließlich durch eine Kopie ersetzt wurde.

Später bemalte Le Corbusier die Wand des Étoile de mer mit zwei flachen Akten in der Art von Matisse' Scherenschnitten, die sehr gut mit der getäfelten Konstruktion harmonierten |Abb. S. 106–107|. In der Mitte brachte er seinen eigenen Fußabdruck und den von Rebutato mit gelber Farbe auf der rotbraunen Oberfläche auf und ganz rechts einen Abdruck seiner Hand, wobei er an die „Hand der Fatima" gedacht haben mag, die er als Schutzsymbol an nordafrikanischen Hauswänden gesehen hatte. Einen solchen Handabdruck, in einem Hausverputz in Gardhaia im Mzab, hatte er auch einmal fotografiert.[176]

Le Corbusier ermunterte Thomas Rebutato zum Malen, er bezahlte ihn gar bei einer Gelegenheit, damit er nicht im Winter arbeiten musste,[177] beharrte dabei aber darauf, Rebutato solle auf Sperrholz und nicht auf Leinwand malen. Le Corbusier, der sich für den „primitiven" Künstler André Bauchant interessierte und mehrere seiner Gemälde gekauft hatte, hatte auch seinen Cousin Louis Soutter darin bestärkt, weiter an seinen dichten Federzeichnungen zu arbeiten, von denen er einige über Le Corbusiers Buchillustrationen gekritzelt hatte.[178]

Le Corbusier bei der Arbeit an seinem Bild *À l'Étoile de mer règne l'amitié* (Im Étoile de mer herrscht Freundschaft), August 1950.

176 FLC film, Sequence 1 06327. Benton, T., 2013. *LC Foto: Le Corbusier: Secret Photographer*, Baden, Lars Müller.

177 In dem Brief Le Corbusiers an Rebutato vom 12. Dezember 1958 bot er ihm 250.000 Francs als „Vorschuss" für die im Winter auszuführenden Bilder. Rebutatos ziemlich wilde, aber eindrucksvolle Malereien schmückten das Interieur von Étoile de mer.

178 Le Corbusier, Louis Soutter, 2011. *Une maison, un palais: enluminures de Louis Soutter*, Nachwort von Julie Borgeaud, Lyon, Fage.

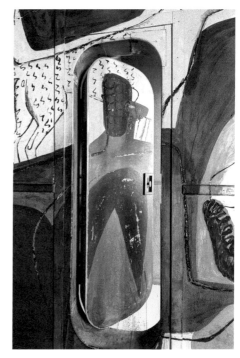

Wandgemälde von
Le Corbusier im Schlaf-
zimmer der Rebutatos
im Restaurant Étoile
de mer.

Detail des Wand-
gemäldes im Schlaf-
zimmer; zu sehen
ist die Verbindungstür
zum Cabanon.

Le Corbusier, *Le grand verre à côtes et l'écharpe rouge* (Großes geriffeltes Glas und roter Schal), 1940.

Le Corbusier, *Taureau I* (Stier I), 1952.

Le Corbusier, Wand-
gemälde *Taureau* (Stier)
im Flur des Cabanon.

Le Corbusier, Detail des
Wandgemäldes im Flur,
mit der Tür zum Schlaf-
zimmer der Rebutatos im
Étoile de mer.

Mural, Badovici house.

Oil on canvas, 38¼ x 31 inches.
1932.

Mural painting, Badovici house.

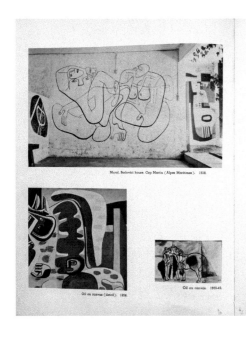

Mural, Badovici house. Cap Martin (Alpes Maritimes). 1938.

Oil on canvas (detail). 1939.

Oil on canvas. 1935-42.

Oil on wood, approximately 14 x 9¼ inches. 1935-42.

Mural paintings, Badovici house (Alpes Maritimes). 1939.

THE mural paintings brightened only the most unpleasing walls of the house. The "good walls" remained white. The paintings created space in cramped places: at the entrance, within the porch, and at the bar.

Die Wandbilder im Cabanon

Am 10. August 1952, unmittelbar nach Fertigstellung des Cabanon, malte Le Corbusier ein Bild |Abb. S. 115| für die Wand des schmalen Vorraums, in dem eine Tür zum Schlafzimmer der Rebutatos im Étoile de mer führte |Abb. S. 122|. In den Unterlagen für die Baugenehmigung war diese Tür angegeben, sodass Le Corbusier das Cabanon einfach als eine Erweiterung des Restaurants bezeichnen konnte.[179] Bei Regenwetter ermöglichte es dem Künstler außerdem Zugang zum Restaurant. Im Rebutato-Schlafzimmer malte Le Corbusier ein Wandbild, welches die beiden Rebutato-Kinder Robert und Monique, Thomas' Frau Marguerite und deren Hund zeigte |Abb. S. 113|. Während Thomas' Hand deutlich sichtbar unter Marguerites Haar erscheint, ist er selbst nur in Umrissen auszumachen. Dieses Gemälde, eine Originalkomposition vom 6. und 7. September 1952, macht sich sehr gut in dem recht beengten Raum. Sowohl der Hund als auch die Gestalt Marguerites erscheinen im *Poème de l'angle droit* neben einem Text, der die kosmischen Kräfte der Natur zelebriert:

Sonne und Erde tanzen
den Tanz der vier Jahreszeiten
den Tanz des Jahres
den Tanz des 24-Stunden-Tags
der Höhen und Tiefen der Sonnenwende
der Ebene von Tag-und-Nacht-Gleiche.[180]

Le Corbusier verband das einfache, den Naturkräften ausgesetzte Leben am Meer eindeutig mit der Familie Rebutato.

Das ambitioniertere Wandbild im Korridor des Cabanon ist von großer Bedeutung für Le Corbusiers Kunst, denn es steht am Anfang einer Serie mit dem Thema Stier, dem er sich bis an sein Lebensende widmete und dessen Ursprünge sowohl aus ikonografischer als auch aus symbolischer Perspektive recht komplex sind.[181] Was genau ihn zu den *Taureau*-Gemälden (Stiergemälden) veranlasste, erörterte Le Corbusier im *Poème de l'angle droit* und auch in Korrespondenz mit dem britischen Museumskurator Ronald Alley vom Mai und Juni 1958.[182] Darin beschrieb er, wie er in Ozon in den französischen Pyrenäen die an seinem Fenster vorbeiziehenden Ochsen sowie Wurzeln und Kieselsteine skizziert hatte.

Seiten aus Le Corbusier, *New World of Space*, 1948. Hier wurden das Wandgemälde in der Bar |oben links|, im Gästezimmer |oben rechts|, die *Sgrafitte* unter den Pilotis |unten links| und die Wandbilder am Eingang und rechts vom Eingang |unten rechts| publiziert.

179 FLC 24334, veröffentlicht in B. Chiambretto, 1987. *Le Corbusier à Cap-Martin*, a. a. O., S. 50.

180 Le Corbusier, 1955. *Poème de l'angle droit*, a. a. O., S. 66. Eine vorbereitende Skizze für dieses Wandbild zeigt das Étoile de mer im Hintergrund (FLC 0061).

181 Zur genaueren Untersuchung dieses ikonografischen Themas siehe J. Coll, 1995. „Le Corbusier Taureaux: An Analysis of the Thinking Process in the Last Series of Corbusier's Plastic Work", *Art History*, 18(4), S. 537–567.

182 Le Corbusier, 1955. *Poème de l'angle droit*, a. a. O., S. 75–76, und Le Corbusier, 1955. *Le Modulor 2 1955 (la Parole est aux usagers)*, Suite de Modulor 1948. Zur Korrespondenz mit Alley: FLC C2(11)21. Auf einem Blatt listet Le Corbusier 28 zur *Taureau*-Serie gehörende Werke auf.

Die Elemente einer Vision verschmelzen. Der Schlüssel liegt in einem Stück toten Holzes und einem Kieselstein, beide auf- gesammelt von einer abgesunkenen Straße in den Pyrenäen. Täglich kamen ein paar Ochsen an meinem Fenster vorbei. Durch Zeichnen und stets erneutes Zeichnen wurde aus Ochse, Wurzel und Kiesel ein Stier.[183]

Im *Poème* ist das Thema unmittelbar mit der Erinnerung an Le Cor- busiers geliebten Hund Pinceau verbunden, der, weil er schließlich gefährlich wurde, eingeschläfert werden musste. Das Wandbild im Cabanon ist eines der ersten der *Taureau*-Serie.

Auch das Stillleben *Le grand verre à côtes et l'écharpe rouge* (Großes geriffeltes Glas und roter Schal), datiert von le Corbusier „27–40", |Abb. S. 114|, das, auf die Seite gedreht, eine Stierform suggeriert, kann als ein Beginn der *Taureau*-Serie gedeutet werden.[184] Die Fla- sche im Stillleben wird umgedreht zum Kopf einer Frau und auch zu einem Fisch, während der Henkel einer Teetasse zum Stiermaul wird. Im April 1952, aus Indien zurückgekehrt, fertigte Le Corbusier eine Schnellskizze auf einem Stück Sperrholz an, das er *Taureau I* (Stier I) |Abb. S. 114| nannte.[185] Das Wandbild im Cabanon lässt sich direkt aus dieser Skizze herleiten. Obwohl die meisten *Taureau*-Ge- mälde hochformatig sind, ist das Wandbild fast quadratisch. Le Cor- busier signierte und datierte es mit 10. August 1952, ersetzte es dann aber durch das Datum „31 7 56". Ob es sich dabei um eine einfache Restaurierung des Gemäldes oder um eine Überarbeitung handelte, ist im Nachhinein schwer zu sagen. Würde die bestehende Kompo- sition aus dem Jahr 1956 stammen, wäre dies verwunderlich, da alle späteren *Taureau*-Versionen neue Elemente beinhalteten. Le Cor- busier gab später an, die *Taureau*-Serie habe einen direkten Bezug zu seiner Frau Yvonne, deren Gesundheitszustand sich 1952 ver- schlechterte und die im Dezember 1957 verstarb:

Diese „Taureaux" = totales und intimes Geständnis Corbu- Yvonne: meine Frau, anwesend, krank, sterbend, tot = „Tau- reaux!!" Anreize! Von wem? Unterbewusste Handlungen! Ja. Weissagungen, aus tiefstem Herzen und tiefster Seele. Ja.[186]

Im Cabanon hängte Le Corbusier eine Reihe von Aquarellen auf, die im Zusammenhang mit Yvonne stehen |Abb. S. 121|. Das Bild zur Linken stellt zwei Köpfe dar, wobei sich der obere auf Yvonnes Sternzeichen, den Steinbock, bezieht, während der untere sie als Halbmond darstellt. Das zweite Gemälde, das eine Frau mit Ein- hornkopf (wieder der Steinbock) zeigt, ähnelt dem Motiv am rech- ten Ende seines Wandgemäldes im Schweizer Pavillon |Abb. S. 46|. dessen Begleittext von Mallarmé stammt: „Garder mon aile dans ta

Le Corbusier, fotogra- fische Vergrößerung von *Nature morte au livre et au coquetier* (Still- leben mit Buch und Eier- becher), 1928, Fabrik Claude et Duval, St Dié, 1948–1952.

183 Le Corbusier, 1955. *Poème de l'angle droit*, a. a. O., S. 75–76.

184 FLC 226.

185 Auf der Rückseite dieses Gemäldes ist zu lesen: „begonnen um 13 Uhr, beendet um 15 1/2 Uhr."

186 Skizzenbuch R63, 1961–1963, zitiert in J.-P. Jornod und N. Jornod, 2005. *Le Corbusier: L'œuvre peint*, a. a. O., S. 878.

main" (Meinen Flügel in deiner Hand bewahren).[187] Ab 1946 griff Le Corbusier immer wieder auf dieses Motiv von Hand und Flügel zurück, wobei er häufig Mallarmé zitierte und gelegentlich Yvonne anführte. Im *Poème de l'angle droit*, als Teil der Sektion „C4 Chair", ist das Motiv der Hand und des Einhornkopfes Yvonne auch mit der Baumsilhouette im Hof der Familie Vidal in Le Piquey verbunden.[188] Das dritte Bild stammt aus der Serie von sieben Gemälden, die eine Frau mit einer Kerze darstellen und die er zwischen 1947 und 1948 malte. Eine diesem Werk ähnliche Lithografie leitet den Abschnitt „E4 Caractères" des *Poème* ein.[189] Das vierte ist eine freie Übertragung der linken Figur aus seinem Gemälde *Trois musiciens* (Drei Musiker), 1936, eine Hommage an Yvonnes Liebe zur Musik. Das fünfte Bild stellt schließlich ein sich umarmendes Paar dar, mit Sicherheit ein Hinweis auf ihn selbst und Yvonne.

Auf die Fensterläden malt er zwei Akte. Der erste ist eine Version seines Gemäldes *Femme à la poitrine nue* (Frau mit entblößter Brust) von 1939, das sich wiederum auf eine Reihe von Gemälden aus dem Jahr 1936 bezieht, basierend auf seiner Sammlung von Touristenpostkarten nackter arabischer Frauen.[190] Der andere Fensterladen ist dem linken Teil von *Femme et cheval* (Frau mit Pferd) nachempfunden, einem Gobelinentwurf von 1930.[191] Diese eher groben Gemälde, die nur nachts bei geschlossenen Fensterläden zu sehen sind, sind bei schwachem elektrischem Licht zu betrachten.

---

187 Liniger, J., 1998. *Le Corbusier – Le mural de la Fondation Suisse – Paris 1948*, Paris, Édition Fondation Suisse.

188 Le Corbusier, 1955. *Poème de l'angle droit*, a. a. O., S. 86. Der Einhornkopf Yvonne erscheint auf anderen Seiten des *Poème*, insbesondere auf Folio 111, kurz vor dem Abschnitt „Fusion", der den Übergang von den sinnlichen zu den spirituellen Welten markiert.

189 Le Corbusier, 1955. *Poème de l'angle droit*, a. a. O., S. 131.

190 FLC 225, 1939. Zu den früheren Bildern siehe *Deux femmes à la balustrade* (Zwei Frauen am Geländer, FLC 220, 1936), *Deux femmes fantasques* (Zwei wunderliche Frauen, FLC 221, 1937) sowie *Deux femmes et mains* (Zwei Frauen und Hände, FLC 47, 1937).

191 FLC 114.

S. 120

|oben| Le Corbusier, Cabanon, mit Yvonnes Bett rechts, 1952.

|unten links| Le Corbusier, Cabanon, 1952. Die Möbel wurden von Jacques Michel entworfen und von Charles Barberis gebaut, der auch die vorgefertigten Elemente des Cabanon herstellte.

|unten rechts| Le Corbusier, Cabanon, 1952. Der rote Vorhang verbirgt ein WC.

S. 121

|oben links und rechts| Le Corbusier, Gemälde auf den Fensterläden des Cabanon.

|unten rechts| Le Corbusier, fünf Bildkompositionen an der Innenwand des Cabanon, über Le Corbusiers Bett.

|Mitte links| Das Innere des Cabanon mit den fünf Bildkompositionen, ca. 1952–1957.

NACHWORT

MAGDA REBUTATO

Robert Rebutato war ein Freund, Schüler und Bewunderer von Le Corbusier. Es war ihm eine große Freude, 2015 Le Corbusiers Talent als bildender Künstler zu würdigen, indem er die Veröffentlichung dieses Buches von Tim Benton unterstützte. Nach Roberts Tod im Jahr 2016 übernahm ich seine Nachfolge als Vorsitzende der Association Eileen Gray. Étoile de mer. Le Corbusier. Ich schätze die große wissenschaftliche Qualität der Recherche von unserem Freund Tim Benton sehr, die durch die Arbeit des Fotografen Manuel Bougot ergänzt wurde. Sie bringt die Schätze des Kulturerbes von Roquebrune-Cap-Martin zum Vorschein und ist der Höhepunkt eines Abenteuers, das mehr als zwanzig Jahre gedauert hat – eine Ära harter Arbeit, um eine bedeutende Stätte der Architektur des 20. Jahrhunderts zu erhalten, die nun vollständig restauriert ist.

Robert Rebutato war eine der Säulen dieses Abenteuers, und dank seines Charismas und seiner Entschlossenheit gelang es ihm, eine enthusiastische Gemeinschaft innerhalb unserer Vereinigung zusammenzubringen. Mit dem Nachdruck der französischen Originalausgabe im Jahr 2021 und mit dieser ersten englischen und deutschen Ausgabe setzen wir Roberts Engagement für ein wissenschaftliches und kulturelles Programm fort, das das Cap Moderne, in dem das Werk Corbusiers einen wichtigen Platz einnimmt, noch stärker zur Geltung bringen wird.

Paris und Roquebrune-Cap-Martin,
April 1923

Schlafzimmer der Rebutatos im Étoile de mer mit dem Wandgemälde von Le Corbusier.

Mireille Rougeot

Jean Badovici

Auf der Terrasse des Restaurants
Étoile de mer, ca. 1952.

Robert Rebutato

Le Corbusier

Yvonne
Le Corbusier

Seiteneingang von E1027, der in die Küche führt.

AUTOREN

TIM BENTON ist emeritierter Professor für Kunstgeschichte an der Open University in London und ein international anerkannter Wissenschaftler für die Geschichte der modernen Architektur. Er hat an mehreren Ausstellungen mitgewirkt, darunter *Modernism: Designing a New World 1914–1939* (Victoria & Albert Museum, 2006). Als Experte für Le Corbusier ist er Autor zahlreicher Artikel und Bücher über den Architekten und sein Werk. Sein bahnbrechendes Buch *The Villas of Le Corbusier, 1920–1930* wurde erstmals 1987 von der Yale University Press veröffentlicht und ist seitdem mehrfach neu aufgelegt (2007 von Birkhäuser) und in mehrere Sprachen übersetzt worden. Sein Werk *The Rhetoric of Modernism – Le Corbusier as Lecturer* (Birkhäuser, 2009) untersuchte den nachhaltigen Einfluss von Le Corbusier. Bei Éditions du patrimoine veröffentlichte er *Cap Moderne. Eileen Gray and Le Corbusier. Modernism by the Sea* (2022) und schrieb einen Beitrag für die Anthologie *E1027. Restoring a House by the Sea* (2022). Seine Publikation *LC Foto: Le Corbusier: Secret Photographer* (Lars Müller, 2013) bot neue Erkenntnisse zu Le Corbusiers fotografischem Werk. Tim Benton ist Berater der Association Cap Moderne bei der Restaurierung und Verwaltung des Ensembles E1027, Étoile de mer und Le Corbusiers Cabanon.

MANUEL BOUGOT ist ein in Paris ansässiger Fotograf. Ausgebildet in New York und an der École Nationale Superieure Louis-Lumière, blickt er auf eine langjährige Karriere in der Architektur- und Kunstfotografie zurück. Neben der bildenden Kunst und Innenräumen gilt sein Interesse der Naturbeobachtung, aber auch der Erkundung des urbanen Raums. Manuel Bougot richtet sein Augenmerk auf die Art und Weise, wie der Mensch mit seiner Umwelt interagiert. Seine Fotografien, die bereits in Arles, Neu-Delhi, Chicago, Cardiff, Brüssel und New York ausgestellt wurden, dokumentieren die komplexen und subtilen Beziehungen, die die Bewohner mit ihrem Lebensraum eingehen. Bei Éditions du patrimoine veröffentlichte er *Voyage à Chandigarh* (2019) und fotografierte alle Bilder für *Cap Moderne. Eileen Gray and Le Corbusier. Modernism by the Sea* von Tim Benton (2022) und den Band *E1027. Restoring a House by the Sea* (2022). Weitere Veröffentlichungen sind *Le Corbusier. Cinq unités d'habitation* (2022), *Jean Prouvé. Cinq maisons sur mesure* (2020), *Art Nouveau. Cinq villas et hôtels particuliers* (2022), erschienen bei Éditions Le Moniteur.

ANTOINE PICON ist ein preisgekrönter Autor von Büchern und Artikeln über moderne Architektur und Städtebau. Seit 2002 ist er Professor an der Harvard Graduate School of Design; als Präsident der Fondation Le Corbusier setzt er sich weltweit für ein besseres Verständnis des Werks von Le Corbusier ein. Zu seinen zahlreichen Veröffentlichungen gehört das bahnbrechende Werk *Digital Culture in Architecture. An Introduction for the Design Professions* (Birkhäuser, 2010) sowie die kürzlich erschienene Publikation *The Materiality of Architecture* (University of Minnesota, 2020).

MAGDA REBUTATO ist eine ausgebildete Juristin. Sie heiratete Robert Rebutato 1961 im Restaurant Étoile de mer. Le Corbusier war anwesend und hielt die Ehrenrede. Zusammen mit Robert gründete sie im Jahr 2000 die Association Eileen Gray. Étoile de mer. Le Corbusier mit dem Ziel, das Ensemble von E1027, dem Restaurant Étoile de Mer und Le Corbusiers Cabanon zu erhalten und seine Architektur zu vermitteln. Nach Roberts Tod im Jahr 2016 hat sie den Vorsitz der Association inne und ist zudem Vizepräsidentin der Association Cap Moderne.

LE CORBUSIER, EILEEN GRAY, JEAN BADOVICI

LE CORBUSIER
(1887–1965)

Le Corbusier wurde als Charles-Édouard Jeanneret in der Uhrmacherstadt La Chaux-de-Fonds im Schweizer Jura geboren. Er absolvierte eine Ausbildung zum Dekorationsmaler an der örtlichen Kunstschule und begann 1907 eine zehnjährige Reise nach Italien, Paris, Deutschland, auf den Balkan, Istanbul und Athen. Im Jahr 1917 zog er endgültig nach Paris, wo er zusammen mit seinem Freund Amédée Ozenfant eine Kunstbewegung – den Purismus – ins Leben rief und die Zeitschrift *L'Esprit Nouveau* (1920–1925) herausgab. Er nahm dort den Künstlernamen Le Corbusier an. Seine Aufsätze in dieser Zeitschrift wurden später in fünf Büchern (1923–1925) veröffentlicht, darunter *Vers une architecture* (die deutsche Ausgabe erschien 1926 unter dem Titel *Kommende Baukunst* und später als *Ausblick auf eine Architektur*), sein wohl einflussreichstes Buch, das auch seinen Ruf als führender Vertreter der modernen Architektur begründete. Er hatte bereits vier Wohnhäuser und ein Kino in La Chaux-de-Fonds entworfen, aber in Paris entwickelte er gemeinsam mit seinem Cousin Pierre Jeanneret seine modernistische Formensprache, gekennzeichnet durch die Nutzung von Stahlbeton, der die Tragstruktur von der Hülle trennt, durch schlanke Betonstützen *(Pilotis)*, die das Gebäude vom Boden abheben, und durch großzügige Verglasungen. Ab 1929 begann er auch mit der Verwendung natürlicher Materialien – Stein, Ziegel und Holz – und organischerer Formen. Nach dem Zweiten Weltkrieg entwickelte sich diese Betonung des Organischen mit den rauen Betonformen weiter, die gewöhnlich als Brutalismus bezeichnet werden. Während Le Corbusiers malerisches Werk nicht so bekannt ist wie seine Architektur, war es für ihn dennoch ein großes Anliegen und Gegenstand seines Ehrgeizes als Künstler. Nachdem zu Anfang der 1920er-Jahre die puristischen Bilder, die zusammen mit Ozenfant entstanden waren, in einer Ausstellung gezeigt wurden, stellte Le Corbusier erst 1938 wieder aus, aber er malte weiterhin jeden Tag und betrachtete diese Tätigkeit als wesentlich für sein Schaffen. Jean Badovici publizierte die Arbeiten Le Corbusiers in seiner Zeitschrift *L'Architecture Vivante* und die beiden Männer wurden ab 1928 gute Freunde und verbrachten mehrere Urlaube zusammen.

EILEEN GRAY
(1878–1976)

Kathleen Eileen Moray Smith wurde in Enniscorthy, Irland, geboren; sie änderte 1895 ihren Namen in Eileen Gray, als ihre Mutter den Namen dieses schottischen adligen Vorfahren annahm. Sie studierte an der Slade School of Art in London und in den Ateliers Colarossi und Julian in Paris (1902–1905), bevor sie sich 1907 endgültig in Paris niederließ und dort die Wohnung erwarb, in der sie bis zu ihrem Tod lebte. Sie hatte bereits in London begonnen, die Techniken der japanischen Lackmalerei zu studieren und machte sich in Paris schnell einen Namen mit anspruchsvollen Lackarbeiten. 1910 eröffnete sie mit ihrer Freundin Evelyn Wyld eine Teppichwerkstatt sowie zusammen mit dem japanischen Lackkünstler Sougawara eine Möbellackiererei. 1922 eröffnete sie die Galerie Jean Désert, in der sie bis 1930 ihre Teppiche und Möbel verkaufte. Zu dieser Zeit lebte sie ein glamouröses Leben in den Kreisen des Pariser „Sapphic Modernism". Wahrscheinlich im Jahr 1924 lernte sie Jean Badovici kennen, der ihr die Augen für die moderne Architektur öffnete. Es begann eine enge Freundschaft, die trotz seiner Affären mit anderen Frauen ein Leben lang hielt. Gemeinsam besuchten sie viele der wichtigsten Bauwerke in Europa.

Sie entwarf ein modernes Haus für ihn (das nicht gebaut wurde) und gemeinsam entwarfen und bauten sie das Haus am Meer – E1027 – in Roquebrune-Cap-Martin (1927–1929), das allerdings im Besitz von Badovici blieb. Gray entwickelte für das Haus den Tisch E1027, heute eine Ikone des modernen Designs. Es ist nicht klar, wie lange Gray überhaupt in der E1027 gelebt hat, denn Badovici lernte seine neue Geliebte, Madeleine Goisot, bereits im Jahr 1930 kennen. Zur gleichen Zeit kaufte Gray ein Grundstück in Castellar in der Nähe von Menton, auf dem sie für sich ein Haus mit dem Namen „Tempe a Pailla" (1927–1934) errichtete. Außerdem gestaltete sie das Schlafzimmer in ihrer Wohnung und eine Wohnung für Badovici in Paris. Danach entwickelte Gray weiterhin architektonische Projekte, aber nichts wurde vollendet, bis auf ein kleines Steinhaus in der Nähe von St. Tropez, das sie Lou Perou (1954–1965) nannte. Das erneute Interesse an Art déco in den 1970er-Jahren führte auch zur Wiederentdeckung von Gray und ihre Werke wurden zu sehr hohen Preisen in den Auktionshäusern gehandelt. Sie wurde 1972 zur Royal Designer for Industry ernannt und im folgenden Jahr zum Ehrenmitglied des Royal Institute of Architects of Ireland gewählt. Eine Ausstellung ihrer Arbeiten wurde 1973 von der RIBA in London veranstaltet.

JEAN BADOVICI (1893–1956)

Jean Badovici wurde in Bukarest, Rumänien, geboren und zog 1915 endgültig nach Paris. Er studierte Architektur an der École des Beaux Arts und an der École Spéciale d'architecture, wo er 1919 als Klassenbester abschloss. Er begann, für den Verleger Albert Morancé Bücher über Art déco zu publizieren, der für Badovici eine eigene Zeitschrift, *L'Architecture Vivante*, gründete. Badovici war ein kenntnisreicher Herausgeber, der zahlreiche Artikel schrieb und die avantgardistischen Werke der russischen Konstruktivisten, die De-Stijl-Architekten sowie den Funktionalismus in Deutschland breiter bekannt machte. Außerdem begann er, sich mit dem Werk von Le Corbusier zu befassen und konnte schließlich sieben Bände mit den Arbeiten von Le Corbusier und Pierre Jeanneret veröffentlichen. Ab 1927 baute er für seinen Nachbarn und Freund, den Künstler Georges Renaudin, ein Steinhaus in Vézelay um, einem Dorf in Burgund. Er kaufte mehrere Häuser in Vézelay und baute eines davon für sich selbst aus (1928–1929). Le Corbusier lobte dieses Haus in seinem Buch *La ville radieuse* (1935). Er fügte auch drei Häuser zusammen, die für Besucher gedacht waren. Nach dem Niedergang von *L'Architecture Vivante* verbrachte Badovici einen Großteil seiner Zeit in Vézelay und Roquebrune-Cap-Martin. Nach dem Krieg arbeitete er am Wiederaufbau von Maubeuge und Bavay unter der Leitung von André Lurçat. In den Folgejahren verschlechterte sich sein Gesundheitszustand, bis er 1956 in einem Krankenhaus in Monaco starb. Eileen Gray war an seiner Seite.

Le Corbusier, Ausschnitt aus dem
Wandbild in der Bar von E1027.

Detailaufnahme der Bar im Étoile de mer mit einem Porträt von Le Corbusier.

REGISTER

BILDNACHWEIS

Fotografien Vorder- und Rückseite:
  Manuel Bougot

S. 6–7, 8, 10–11 Manuel Bougot
S. 12–13, 14–15, 16–17, 18–19, 20, 23 Tim Benton
S. 24 FLC 15243
S. 27 *Étreinte II* (FLC 375)
S. 28 links *Femme grise, homme rouge et os
devant une porte* (FLC 8)
S. 28 rechts *Le déjeuner près du phare* (FLC 263)
S. 30 links FLC (Séquence 1 06885)
S. 30 rechts FLC (Séquence 1 2044)
S. 33 Tim Benton
S. 34 oben Aus: Louis Chéronnet,
  ‚La Publicité moderne la gloire du panneau',
  L'Art vivant, Nr. 40, 15. August 1926
S. 34 unten ©Mouron Cassandre/
  www.cassandre.fr
S. 36 Fernand Léger/VG Bildkunst
S. 37 FLC
S. 39 © Centraal Museum, Utrecht/Ernst
  Moritz/Pictorechts
S. 41 Vilmos Huszár/VG Bildkunst. Aus:
  L'Architecture Vivante, Herbst–Winter 1924
S. 42 Aus: *L'Architecture Vivante*, Herbst–
  Winter 1929
S. 43 FLC 08309
S. 44 Manuel Bougot
S. 45 oben Tim Benton
S. 45 unten Aus: *L'Architecture Vivante*,
  Herbst–Winter 1929
S. 46 oben Tim Benton
S. 46 unten FLC/Marius Gravot/VG Bildkunst
S. 49 oben FLC 12
S. 49 unten MNAM-CCI (Musée National
  d'Art Moderne, Centre Georges Pompidou;
  Schenkung Sonia Delaunay und Charles
  Delaunay)
S. 50 links und oben rechts Aus: Jean Badovici,
  ‚Peinture murale ou peinture spatiale',
  L'Architecture d'Aujourd'hui, März 1937

S. 50 unten rechts FLC (Séquences
  02823–02825)
S. 52 oben Musée Christian Zervos, Vézelay
  (Foto Tim Benton)
S. 52 unten Privatarchiv
S. 55 links FLC
S. 55 rechts, S. 57 Aus: Jean Badovici,
  ‚Peinture murale ou peinture spatiale',
  L'Architecture d'aujourd'hui, März 1937
S. 58 FLC 4579
S. 60 FLC
S. 61 Musée Christian Zervos, Vézelay
S. 62, 64 links Tim Benton
S. 64 links NMIEG (National Museum of
  Ireland, Eileen Gray archive)
S. 65 Marc Brugier
S. 66 oben *Figure à la porte jaune* (FLC 365)
S. 66 unten links Studie für *Arbre, nu et cordage*
  (FLC 3425)
S. 66 unten rechts Studie für *Figure devant
une porte blanche* (FLC 3422)
S. 68 links Privatarchiv
S. 68 rechts FLC (Séquence 31819)
S. 69 oben *La Parisienne* (FLC 2998)
S. 69 unten links FLC (Skizzenbuch B8,
  Nr. 488)
S. 69 unten rechts FLC (Skizzenbuch B8,
  Nr. 515)
S. 70 links Studie für *Trois personnages*
  (FLC 1196)
S. 70 rechts FLC 3067
S. 71 FLC 3399
S. 72 FLC (Séquences 1 06924, 1 06926,
  1 06621, 1 06754)
S. 73 oben und unten links, unten rechts FLC
S. 74 oben links FLC 3466
S. 74 oben rechts FLC
S. 74 unten links *Totem* (FLC 236)
S. 74 unten rechts *Nature morte Vézelay*
  (FLC 154)
S. 75 oben links Tim Benton
S. 75 oben rechts *Femme rouge et pelote verte*
  (FLC 103)
S. 75 unten links FLC 4476
S. 75 unten rechts *Nature morte au livre et au
coquetier* (FLC 339)

S. 76 FLC/Lucien Hervé
S. 80 oben links, unten rechts FLC
S. 80 oben rechts FLC (Séquence 13163)
S. 80 unten links *Composition avec figure et os*
  (FLC 4590)
S. 81, 82 Tim Benton
S. 83 FLC (Skizzenbuch B6, Nr. 400)
S. 84 *Spirales géométriques animées* (FLC 104)
S. 85 oben FLC
S. 85 unten FLC 4461
S. 87 oben FLC E1(5)84-001
S. 87 unten FLC
S. 89, 91, 94, 98, 100–101 Tim Benton
S. 97, 112 FLC
S. 102–103, 104–105, 106–107, 108, 110, 111, 113
  Manuel Bougot
S. 114 oben *Le grand verre à côtes et l'écharpe
rouge* (FLC 226)
S. 114 unten *Taureau I* (FLC 158)
S. 115 oben Tim Benton
S. 115 unten Manuel Bougot
S. 116 Aus: Le Corbusier, 1948. *New World of
Space*, New York, Reynal & Hitchcock,
  S. 90–91, S. 99, S. 100–101
S. 118 Tim Benton
**S. 120 oben, 120 unten links und rechts, 121 oben
links und rechts, 121 unten links, 122, 126**
  Manuel Bougot
S. 121 unten rechts FLC/Lucien Hervé
S. 124–125 FLC
S. 128–129 Eileen Gray, ca 1910 (NMIEG,
  Berenice Abbott); Jean Badovici (NMIEG);
  Le Corbusier (FLC L4(14)7, Ausschnitt)
S. 130–131, 132–133 Tim Benton

Alle Werke Le Corbusier: ©Fondation
  Le Corbusier (FLC)/VG Bildkunst

DANKSAGUNG

Der Autor dankt Robert und Magda Rebutato für ihre Anregungen und die Unterstützung bei den Recherchen für dieses Buch. Stéphanie Gregoire und Caroline Maniaque spielten eine wichtige Rolle bei der Überarbeitung des französischen Originaltextes; Ria Stein bearbeitete die englische und deutsche Ausgabe. Ohne die Fotos von Manuel Bougot hätte dieses Buch viel von seiner Wirkung verloren. Das Centre des Monuments Nationaux erteilte die notwendigen Fotografiegenehmigungen. Jennifer Goff und das National Museum of Ireland waren großzügig in ihrer Unterstützung. Michel Richard und Brigitte Bouvier, die Direktoren der Fondation Le Corbusier, haben die Veröffentlichung ermöglicht. Arnaud Dercelles und Isabelle Godinot, ebenfalls von der Fondation Le Corbusier, haben schnell und professionell auf Anfragen nach Dokumenten geantwortet.

LAYOUT, COVERGESTALTUNG UND SATZ

e o t . Büro für Buchgestaltung/ Ausstellungsdesign

ÜBERSETZUNG

Uli Minoggio

LEKTORAT DER DEUTSCHEN ÜBERSETZUNG

Dr. Ulrich Schmidt

PROJEKTKOORDINATION

Ria Stein

HERSTELLUNG

Anja Haering

PAPIER

Magno Volume 135 g/m²

DRUCK

Grafisches Centrum Cuno GmbH & Co. KG, Calbe

Dieses Buch basiert auf der französischen Originalausgabe *Le Corbusier Peintre à Cap-Martin*, die von Éditions du patrimoine zuerst 2015 veröffentlicht wurde und dann 2021 als Neuausgabe erschienen ist.

Für die französische Ausgabe:
© Éditions du patrimoine – Centre des monuments nationaux, Paris, 2015 und 2021

Die französische Ausgabe dieses Buches wurde ermöglicht durch Association Cap Moderne, Fondation Le Corbusier, Centre des monuments nationaux, Conservatoire du littoral und Association culturelle Eileen Gray. Etoile de Mer. Le Corbusier.

Library of Congress Control Number: 9783035626544

Bibliografische Information der Deutschen Nationalbibliothek: Die Deutsche Nationalbibliothek verzeichnet diese Publikation in der Deutschen Nationalbibliografie; detaillierte bibliografische Daten sind im Internet über http://dnb.dnb.de abrufbar.

ISBN 978-3-0356-2654-4
e-ISBN (PDF) 978-3-0356-2658-2

Dieses Buch ist unter dem Titel
Le Corbusier – The Painter. Eileen Gray's Villa E1027 and Le Cabanon
auch in englischer Sprache erschienen (print-ISBN 978-3-0356-2653-7).

Für die englische und deutsche Ausgabe:
© 2023 Birkhäuser Verlag GmbH, Basel
Postfach 44, 4009 Basel, Schweiz
Ein Unternehmen der Walter de Gruyter GmbH, Berlin/Boston
9 8 7 6 5 4 3 2 1

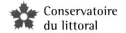